**Erwarte das Unerwartete.
Erwarte immer mehr Ergebnisse
mit immer weniger Aufwand.**

Alexander Riedl

DER 80/20 NETWORKER

So erreichst Du mit weniger Aufwand Deine Ziele im Network-Marketing

Bibliografische Information der Deutschen Nationalbibliothek:
Die Deutsche Nationalbibliothek verzeichnet diese Publikation in der Deutschen Nationalbibliografie; detaillierte bibliografische Daten sind im Internet abrufbar über
http://dnb.d-nb.de

ISBN 978-3-941412-90-3

Impressum
Verlag:
REKRU-TIER GmbH, München
Satz: Bernhard Edlmann Verlagsdienstleistungen, Raubling

Inhaltsverzeichnis in Fließtext

Ich lese unglaublich viel und gern. Bis zu sechzig Bücher pro Jahr. Bislang ist mir noch keines untergekommen, in dem das Inhaltsverzeichnis als Fließtext verfasst wurde.
Eine Premiere – zumindest für mich. Ich betreibe diesen freiwilligen Mehraufwand, um Dir damit schon direkt beim Einstieg ins Buch zu veranschaulichen, worum es geht.

Die Erklärung: Ein Inhaltsverzeichnis hat normalerweise einzig und allein den Zweck, den Inhalt des Buchs kurz und knapp darzustellen, um dem Leser Orientierung zu bieten. Wenn Du das Inhaltsverzeichnis in Fließtext konsumierst, liest Du mehr, als eigentlich notwendig wäre, um die wesentlichen Informationen auf einen Blick zu erhalten.
So bekommst Du ein Gefühl dafür, was auch bei vielen Networkern verkehrt läuft. Sie machen unbewusst das, was ich hier bewusst tue. Sie entfalten viel mehr Aktivitäten, als notwendig wären, weil sie annehmen, dass sie so viel tun müssten, um ans Ziel zu kommen. Viele Networker glauben, dass 100 Prozent Aktivitäten zu 100 Prozent im Ergebnis führen. Und 80 Prozent ihrer Aktivitäten zu 80 Prozent der Ergebnisse.
Damit sind sie leider falsch gewickelt. Stattdessen sorgen 20 Prozent aller Aktivitäten für 80 Prozent der Ergebnisse.

Wer sich das ausgedacht hat, wie es funktioniert und wie sich das auf Deine Network-Karriere auswirken kann, erfährst Du in *Teil 1: Einführung. Persönliche Erfahrungen, Grundlagen des 80/20-Prinzips* im Kapitel *So denken 80/20-Networker* ab Seite 27.

Ich empfehle Dir jedoch, das Buch analog zu lesen, von vorne nach hinten. Sonst verpasst Du das Vorwort – *Mit Haien schwimmen, mit Löwen brüllen* auf Seite 11. Dort stelle ich mich Dir vor und beschreibe, was ich mit diesem Buch in Dir auslösen möchte und welchen Nutzen es Dir bringt.
Ab Seite 18 vertiefe ich in *Fantastische Momente statt Sicherheit und Monotonie* meine Erfahrungen, die Momente, die mich in unmittelbarer Vergangenheit geprägt und beeindruckt haben. Und dann ab Seite 27 in *So denken 80/20-Networker* sowie ab Seite 33 in *Das Pareto-Prinzip kennen und davon profitieren* erfährst Du über die Ungleichverteilung, die im 19. Jahrhundert von Vilfredo Pareto entdeckt und thematisiert wurde.

Weiter geht es mit *Teil 2: Lernen. Erfolg im Network-Marketing leicht gemacht.* Hier heißt es ab Seite 46 *Network-Marketing: Willkommen im Haifischbecken.*
Networker, die bereit sind, den Status quo infrage zu stellen, erfahren ab Seite 58, wieso sie mit ihrer neuen Denkweise

Gegenwind bekommen können: *80/20-Networker im Business: Zeigt die Upline Zähne?*

Mit neuen Sichtweisen wird aufgebaut. Es geht immer darum, neue Interessenten zu gewinnen, sie zu Partnern zu machen und auszubilden, zu qualifizieren und dafür zu sorgen, dass die Partner Geld verdienen. Es geht darum, die Partner zu befähigen, selbst neue Partner unter sich aufzubauen und dieses System nachhaltig zu multiplizieren.

Daher folgen die *Grundlagen für den Einstieg ins Network-Business* ab Seite 68 und passend dazu die Anleitung *Schritt für Schritt: So baust Du Dein Geschäft mit 80/20 auf* ab Seite 74.

Es ist beeindruckend, was im Internet passiert: Informationen sind zu einem unglaublichen Ungetüm herangewachsen. Networker, die erfolgreich werden wollen, müssen lernen zu selektieren.

Dabei hilft Dir das Kapitel *Von Löwen und der natürlichen Auslese nach 80/20* ab Seite 94.

Lernen und Anwenden liegen nah beieinander. Willkommen in *Teil 3: Anwenden. Arbeite weniger, verdiene mehr, habe Spaß.* Wir sprechen ab Seite 108 über *Geld. Das Wichtigste überhaupt, aber massiv überbewertet* und fragen uns beginnend mit Seite 117: *Wie untersucht man auf 80/20 und wie wendet man das Wissen an?*

Dann ist es an der Zeit für die Zwischenbilanz, die *Zusammenfassung zwischendrin: 80/20 und Network-Marketing.* Nachzulesen auf Seite 122.
Meinem Mentor begegnest Du bei der *Erkenntnisreise durch Afrika: Danke, Richard Koch* ab Seite 125, und dann schließt sich auf Seite 132 das Kapitel *Fallbeispiel: Wie Du als 80/20-Networker Verkäufe durch die Decke treibst* an und endlich auf Seite 139 *Die wesentlichen Steps zum Teamaufbau im Überblick.*

Zuletzt kommt *Teil 4: Danke. Mein Fazit ist Dein Startschuss in ein neues Leben.*
Hier wirst Du mit Anregungen versorgt, wie Du Dein Network-Business auf 80/20 umstellen kannst. Lies dazu ab Seite 144: *Heute nachdenken, um morgen den Kurs von gestern zu korrigieren.*
Welches Geschlecht hat die besseren Chancen? Die Antwort in *Frauen oder Männer – wer sind die besseren 80/20-Umsetzer?* ab Seite 151.
Das Schlusswort findest Du auf Seite 155: *Vielen Dank.*

Inhalt

Mit Haien schwimmen, mit Löwen brüllen

Ich wurde am 2. Juni 1983 in Rosenheim geboren. Sternzeichen Zwilling. Meine Lieblingsfarbe ist Blau. Eine Lieblingsmarke hingegen habe und brauche ich nicht. Die richtigen Erlebnisse begegnen einem ohnehin nur draußen im wahren Leben – wenn man bereit ist, die Traumwelt zu verlassen.

Vor geraumer Zeit brüllte mir ein leibhaftiger Löwe entgegen, sodass mein Körper vibrierte. Er stand nur anderthalb Meter von mir entfernt, während ich im Jeep saß – inmitten eines Naturschutzgebietes in Afrika. Die männliche Raubkatze, etwa 250 Kilogramm schwer, hätte problemlos in den Wagen springen können. Doch sie tat nicht, was man hätte vermuten können.
Ich schwamm im offenen Meer mit über 3 Meter langen Bullenhaien. Diese Gattung ist so ziemlich die gefährlichste, direkt nach dem Weißen Hai. Die Begegnung hat keine Spuren hinterlassen. Außer fantastischen Erinnerungen. Es kam anders, als man hätte denken können.
Es kommt meistens anders, als man denkt.

Ich habe erfolgreiche Bücher geschrieben und einen Kinofilm gedreht. Wenn mein eigenes Leben verfilmt werden würde, dann nur mit Leonardo DiCaprio in der Hauptrolle.

Früher war ich ein Niemand und hatte nichts. Heute bin ich wer und habe alles. Alles, was ich brauche.
Ich liebe mein Leben und meine Frau. Ich liebe es, mich treiben zu lassen. Mit meinem Boot auf dem Starnberger See. Oder ich mache es mir in der Hängematte in meiner Lieblingsstadt Kapstadt gemütlich. Ich bin im Begriff, Pilot zu werden. Mein Konto ist gut gefüllt, und ich gehe davon aus, dass es in den nächsten Jahren aus allen Nähten platzen wird.
Wieso? Ganz einfach. Ich habe mir Mentorship von einem Multimillionär geholt und kenne die Regeln der Erfolgreichen. Mach weniger, dann bekommst Du mehr.

Wenn Du verstehst, dass die Realität nicht so funktioniert, wie Du glaubst, dann ändert sich Deine Sichtweise. Du betrittst eine Welt, in der andere Regeln gelten. Eine Welt, die Dich von anderen Menschen abhebt. Ganz gleich, ob Du Network-Marketer bist oder Angestellter in irgendeinem x-beliebigen Konzern. Mit diesem Buch führe ich Dich in diese Welt ein.

Dusch Dich noch einmal kalt ab, bevor Du weiterliest. Denn die Lektüre wird Dir ordentlich einheizen. Du wirst kochen. Vor Frust und vor Freude. Wenn Du verstehst, was es bedeutet, das Richtige zu tun, wird Dir die Zeit leidtun, die Du in

Deinem Leben sinnlos verschwendet hast. Gleichzeitig wirst Du Dir freudig die Hände reiben und herbeisehnen, was noch vor Dir liegt.

Ich schreibe dieses Buch, um typische Denkfehler aus den Köpfen von Network-Marketern zu löschen. Das läuft in mehreren Phasen ab. Hier eine kleine Vorschau.

Zuerst verstehst Du das Prinzip. Plötzlich siehst Du es überall in Deinem Leben.
Dann beginnst Du damit, es anzuwenden und in Deinen Alltag zu integrieren. Die Ergebnisse werden Dich beflügeln, das Wissen zu internalisieren. Sprich: Du wirst beginnen, mithilfe des Wissens Deine Persönlichkeit zu verändern.
Und dann dauert es nicht mehr lange, bis Du Menschen in Deinem Umfeld von Deinen Erfahrungen berichtest.
Darunter werden viele sein, die es bejahen, die es verstehen und lernen wollen. Und wenn sie es erfolgreich anwenden, wird auch ihr Leben besser, einfacher, schneller, erfolgreicher und profitabler. Dein und auch ihr Team hat die Chance, massive Vorteile daraus zu ziehen, wenn die Idee multipliziert wird.
Doch warnende Worte sind angebracht: Stell Dich auf massiven Gegenwind ein. Dein Denken verändert Dein Handeln. Und wenn sich Dein Handeln verändert, wird das viele

Menschen abschrecken. Es wird Leute geben, die Dich nicht mehr mögen, weil Du nicht mehr so »tickst«, wie sie ticken. Ich spreche nicht nur von Menschen aus Deinem persönlichen Umfeld. Sondern auch von Deinen Geschäftspartnern. Von Deiner Upline und möglicherweise der Downline. Mit Sicherheit wird auch die Führungsetage Deiner Firma sich nicht gerade in Luftsprüngen üben.

Denn mit der Anleitung, die Du in diesem Buch an die Hand bekommst, fährst Du Deine Aktivitäten in den Energiesparmodus. Du schwimmst weder mit dem Strom noch gegen ihn. Du bist draußen und schaust zu, wie sich alle bewegen, während Du Deine Zeit investierst, um nachzudenken. Weil Du auf dieser Grundlage das Richtige tust, benötigst Du nur noch einen Bruchteil der Zeit und Energie, die Du vorher benötigt hast, während im Gegenzug Deine Schecks immer größer werden.

Conventions? Zeitverschwendung. Leute überzeugen, ins Network einzusteigen? Zeitverschwendung. Sich maximal verausgaben bei minimalem Output? Sinnlos. Dein Produkt ist einzigartig? Vergiss es. Deine Firma ist die beste? Unsinn. Neu denken und maximal profitieren? Die einzig vernünftige Entscheidung, die ich Dir nur empfehlen kann.

Für die wirklich Erfolgreichen geht es im Network-Marketing immer darum, Strukturen zu schaffen, in denen die besten Teams wachsen können. Wenn diese Strukturen perfekt funktionieren, dann funktionieren sie unabhängig von Markt und Marke.

Nach der Lektüre kannst Du Deine Sportschuhe ausziehen. Du bist lange genug durch Dein Leben gesprintet. Erwarte, dass sich Deine Denkweise unumkehrbar verändern wird und dass sich alles in Deinem Leben als Networker plötzlich so leicht anfühlt wie eine Feder im Lufthauch. Für Dich und in Deinem Wirkungskreis.

Doch rauer Wind kommt auf. Stell Dich zeitgleich auf unzählige Neider ein, die nicht verstehen können, wieso Deine Network-Rakete an ihnen vorüberzieht und steil in den Himmel emporschießt. Diese Leute werden alles daransetzen, Dich zu zerlegen, Dich klein zu bekommen. Doch es wird ihnen nicht gelingen. Denn Du erweiterst nicht nur Dein Wissen. Du baust ein solides Ego auf. Glaub mir, Du wirst es brauchen.

Willkommen in der wunderbaren Welt der ungleichmäßigen Verteilung.
Was genau das ist, siehst Du jeden Tag. Ein Bruchteil der Menschen verfügt über die größten Geldreserven der Welt, während die Masse den Rest unter sich aufteilt.

Das Prinzip der ungleichmäßigen Verteilung ist kontraintuitiv. Das Wieso, Weshalb und Warum erörtere ich Stück für Stück im Buch.
In dessen Verlauf werde ich Dir das Wesentliche beibringen, das mich heute ausmacht. Du wirst von mir vieles erfahren, was Du auf Dein eigenes Leben übertragen und sofort anwenden kannst. Ich helfe Dir, die Mauern der falschen Glaubenssätze im Network-Marketing niederzureißen und Dich mit dem Minimalprinzip zu maximaler Lebensqualität hochzuarbeiten.

Ich wünsche Dir einen geschärften Blick fürs Wesentliche und viel Freude beim Buchkonsum!

Dein Alexander Riedl

Teil 1
EINFÜHRUNG

Persönliche Erfahrungen
Grundlagen des 80/20-Prinzips

Fantastische Momente statt Sicherheit und Monotonie

Wenn ich mich umschaue, dann sehe ich, dass die meisten Menschen unzufrieden und unglücklich sind. Ihre Haltung ist mir vollkommen unverständlich. Ich bin jemand, der an Eigenverantwortung glaubt und sie lebt. Vermutlich mehr, als es der Durchschnitt tut.

Ich bin überzeugt: Was sich in Deinem Leben abspielt, wer Du bist und was Du tust, ist zu hundert Prozent von Dir abhängig. Ich denke, dass die meisten Menschen ihr Leben nicht so leben, wie sie es eigentlich könnten. Einfach weil sie nie auf diese Idee gekommen sind oder keine Möglichkeit sehen, etwas aus ihrem Leben zu machen.
Das klingt vielleicht banal. Aber dieser Gedanke ist der Schlüssel zu einem besseren Leben.

Wir sind alle mit unterschiedlichen Fähigkeiten und unterschiedlichen Herausforderungen auf diese Welt gekommen. Und doch geben sich viele Leute der Passivität hin. Sie sagen: »Ich habe keine Ahnung und gucke einfach mal, was läuft.« Und dann gibt es ein paar Menschen, die akzeptieren den Status quo nicht. Sie sind aktiv und versuchen das Beste aus ihrem Leben zu machen und es ständig zu bereichern, in

jeder Hinsicht. Sie folgen ihrer inneren Stimme. Sie führt sie an ihr Ziel. Dorthin, wo es gut ist, wo es Spaß macht.
Ich glaube, es ist extrem wichtig, genau dieses Ziel zu finden, es überhaupt erst einmal zu definieren. Es definieren zu können. Denn sonst bleibt man im alten Trott haften.

Die Erfolgreichen haben eine Mission, einen Schlachtplan, eine Reiseroute. Das hat verschiedene Namen: Wunschliste, Vision-Board, salopp auch »Löffelliste«. Darauf stehen fünfzig oder hundert Dinge, die der Verfasser getan haben will, bevor er sprichwörtlich den Löffel abgibt. Mir gefällt der englische Ausdruck dafür am besten: *bucket list* – dahinter steht übrigens die gleiche Vorstellung wie bei der »Löffelliste«.
Ich habe auch so ein Ding. Vorgestern habe ich sie mir angesehen und festgestellt, dass ich wieder vier Dinge abhaken kann. Das Witzige daran: Ich hatte gar nicht mehr im Kopf, dass ich sie mir aufgeschrieben hatte. Aber ich bin trainiert. Mein Unterbewusstes inhaliert diese Dinge. Manches ergibt sich durch Zufall, bei einigen Zielen muss man nachhelfen.
Wenn Du Dir wünschst, ein erfolgreicher Networker zu werden oder zu bleiben, dann gehört dazu, die Spielregeln zu kennen und sie kontinuierlich anzuwenden. Augen und Ohren offen halten ist dabei das Allerwichtigste. Denn dann entgehen Dir keine Chancen.

Ein Beispiel: Als ich auf Lombok – eine Insel in Indonesien, gleich neben Bali – war und dort in einem Restaurant saß und dem Regen zuschaute, kam ich bei einem Bier mit dem Inhaber der Gastronomie ins Gespräch.
Ich sagte: »Ich würde wirklich gerne surfen lernen – bei diesen Hammer-Wellen.«
Da antwortete er mir doch tatsächlich: »Mein Neffe arbeitet bei mir in der Küche. Er ist Surflehrer. Wenn seine Schicht in einer halben Stunde endet und der Regen etwas nachlässt, dann könnt ihr zusammen surfen gehen.«
Glaubst Du es? Der Regen hat aufgehört, und so erteilte mir der, der mir eben noch mein Mittagessen zubereitet hatte, nun meine erste Surfstunde.

Einige Leser denken sich bei dieser Anekdote sicherlich: ›So ein Zufall – das passiert nicht häufig!‹ Wahrscheinlich stimmt das sogar. Aber ich war offen und willens zu surfen, und so hat sich dieser Wunsch für mich erfüllt.

Ich glaube, positive Zufälle ergeben sich immer dann, wenn Du dafür offen bist und Dir die Situation vorstellen kannst. Wieso nicht aktiv darauf hinsteuern und die Wahrscheinlichkeit erhöhen, dass sich die Dinge fügen? Wieso nicht gezielt daran arbeiten, dass die Dinge, die wir anstreben, auch eintreten?

Es gibt einen Hollywood-Streifen namens *Hitch – Der Date-Doktor* mit dem populären dunkelhäutigen Schauspieler Will Smith. Der Held des Films unterstützt Menschen dabei, sich mit der Frau ihrer Träume zu verabreden. Eine Erkenntnis des Protagonisten ist mir ganz besonders im Kopf geblieben. Sinngemäß: 90 Prozent der gesamten Kommunikation sind nonverbal.
Ich habe mich mit Psychologen unterhalten, die mir das bestätigten.
Wer hätte das gedacht. Obwohl wir den ganzen Tag reden, sprechen wir viel mehr aus, ganz ohne dass wir reden.
Und ein weiterer Satz aus dem gleichen Film lautet ungefähr so: »Das wahre Leben erlebst du nicht, wenn du atmest, sondern in den Momenten, in denen dir der Atem geraubt wird.«
Es ist schon sehr, sehr lange her, dass ich den Film gesehen habe. Doch diese Einsichten sind hängen geblieben.

Ich fragte mich lange Zeit, worauf es im Leben überhaupt ankommt. Kommt es darauf an, ein gleichförmiges Dasein ohne Ups und Downs zu haben? Kommt es darauf an, nur immer das Gleiche zu tun? Immer die gleichen Dinge um sich zu haben, die gleichen Menschen zu treffen, im gleichen Job zu arbeiten?
Oder kommt es vielleicht doch eher darauf an, sein Leben in vollen Zügen auszukosten und zu genießen?

Ich bin mir sicher, dass es wirklich Mut braucht, sich aktiv in Situationen zu bringen, die das Leben positiv beeinflussen können. Denn diese Situationen sind nicht selten geprägt durch Unsicherheit. Sich in einen Wandel zu stürzen birgt für den Einzelnen immer ein gewisses Risiko.

Ich habe Dir von meiner Begegnung mit dem Löwen erzählt. Ich stehe auf Safaris, weil Nationalparks die letzte Möglichkeit sind, »freie« Wildnis zu erleben. In manchen Staaten begünstigt die politische Situation Wilderei, Wildtierpopulationen sind mitunter fast oder bereits komplett ausgerottet worden. Das betrübt mich. Gerade weil ich weiß, welche Schätze die Natur bereithält.
Vor drei Jahren war ich in Botswana auf meiner ersten Safari. Ich bin ins Okavango-Delta geflogen, hatte die Musik von *Out of Africa* auf den Ohren, die ich mir extra dafür runtergeladen hatte, und konnte zum ersten Mal seit langer Zeit nicht fassen, was mit mir passierte. Ein Pilot brachte meine Frau, mich und 18 Kilo Gepäck ins Camp.
Und da war nichts. Wirklich nichts außer diesem Camp. Rund um uns nur die Natur und viele wilde Tiere. Kein Handy, kein Internet. Nichts. Das war außergewöhnlich aufregend und cool. Morgens um fünf ging es raus in die Natur – und dann diese Aufregung, diese Spannung: Was sehen wir wohl? Große Katzen?

Ich mag Löwen, Leoparden, Geparden. Ich finde es nett, in den Zoo zu gehen und mir diese Tiere anzuschauen. Aber wirklich faszinierend ist es, sie in freier Wildbahn zu beobachten. Sie in ihrem natürlichen Habitat zu sehen. Dieser ewige Zyklus des Lebens.
In Tansania hatten wir das Glück, der großen Wanderung der Gnus beizuwohnen. Halt Dich fest – über 1 Million Gnus und ungefähr 300 000 Zebras laufen durch die Serengeti und Maasai Mara. Absolut atemberaubend.
Ich erinnere mich, dass ich auf dem Auto stand und mir eine Flussüberquerung der Tiere ansah. Es war so ergreifend, dass mir Tränen über die Wangen liefen. Ich fragte den Guide, der meinen Gefühlsausbruch beobachtet hatte: »Hey, was ist das? Eine solche Emotion kenne ich nicht, was ist da los?«
Und er antwortete: »Ihr erlebt hier einen ganz besonderen Moment. Es geht nicht nur dir so.« Er verriet mir, dass die meisten Menschen, die die Tierwanderung beobachten, wohl 90 Prozent von ihnen, komplett austicken oder anfangen zu heulen. Deswegen, weil sie eine Erfahrung machen, die sie die Verbindung zum Ursprung allen Lebens fühlen lässt. Das erlebst Du nirgends sonst.

Das war einer von zahllosen Momenten, die ich deswegen erlebt habe, weil ich mir zuvor gewünscht hatte, genau das erleben zu dürfen.

Das erste Mal auf dem Surfboard eine Welle reiten, unmittelbar von einem Löwen angebrüllt werden, sodass Du seinen Atem spürst, wenn er seinen Bruder ruft. Nachts die Großkatzen bei der Jagd in freier Wildbahn beobachten – mit kleinen Scheinwerfern auf einem Geländewagen –, so etwas macht atemberaubende Momente aus.
Oder eines Nachts aufwachen, weil Büffel, die zu den gefährlichsten Tieren in der Region zählen, neben Deinem Zelt grasen oder weil ein Löwenrudel durch das Camp zieht und nach dem Nachwuchs ruft. Niemand im Camp greift zur Waffe, weil alle Verantwortlichen hier gleichzeitig Tierschützer sind und wissen, was zu tun ist, um einen Angriff zu verhindern. Das ist aufregend. Das ist wirklich krass, und es gehört zu den beeindruckendsten Augenblicken, die ich in der letzten Zeit erlebt habe. Solche Momente halten mich davon ab, abzustumpfen von all dem Konsum, der – wenn man nicht aufpasst – ins Leben Einzug hält.

Von solchen fantastischen Momenten gibt es noch viele mehr in meinem Leben: Stell Dir vor, Du feierst mit Deinen Geschäftsfreunden Geburtstag, und nachts surrt die Nachricht über das Handy-Display: »Erfolgreicher Verkauf«. Und plötzlich besteht doppelter Anlass zum Feiern. Die Korken knallen, weil gerade Euer erstes Buch bestellt wurde, das Ihr miteinander geschrieben habt. Das ist einfach nur magisch.

Und doch muss ich feststellen – das will ich hier ganz deutlich sagen –, dass diese fantastischen Momente für den Großteil der Bevölkerung eben nicht alltäglich sind. Die meisten Menschen bestreiten ihr Leben zu 80, 90, 95 Prozent unter Anstrengung, mit viel Aufwand, bei maximaler Arbeit oder auch bei maximaler Langeweile – je nachdem für welchen Weg sie sich entscheiden, wie sie ihr Leben organisieren und führen.

Die besonderen Momente machen bei den meisten Menschen lediglich wenige Prozent von ihrer gesamten Lebenszeit aus. Aber es lohnt sich, für sie alles andere hintanzustellen.
Zu den besonderen Momenten gehört es auch, wenn Du Mutter oder Vater wirst, wenn Du das erste Mal in Deinem Leben Deinen Nachwuchs im Arm hältst.
Womit ich aber nicht empfehlen will, fünfzig Kinder zu bekommen, nur um jedes Mal dieses tolle Gefühl zu empfinden. Nein, worauf ich hinauswill, ist etwas anderes: Man sollte versuchen, sich absichtlich in positive Situationen zu bringen, um fantastische Momente genießen zu können.

Manchen Menschen begegnen diese fantastischen Momente einmal im Jahr oder sogar nur alle fünf Jahre. Mir begegnen sie ständig. Denn ich weiß, was ich zu tun habe, um fantastische Momente anzuziehen.

Ich bin mir heute im Klaren darüber, was mich zufrieden macht. Ich habe die Fragen »Was macht mich glücklich?« und »Was macht mir schlechte Laune?« für mich beantwortet. Ich versuche so viel Zeit wie möglich in den positiven Situationen zu verbringen und negative und kritische Momente zu umgehen, sie aus meinem Leben zu verbannen.

Das ist keine Sache, die von einem Moment auf den anderen gelingt. Es ist eine Idee, eine Lebenseinstellung, die dazu führt, aktiv über sich und die eigene Situation nachzudenken und bewusst zu verfolgen, was einem guttut. Ein ganzes Leben lang gleichförmig gelangweilt oder gestresst zu sein, lehne ich kategorisch ab. Für mich macht das keinen Sinn.

So denken 80/20-Networker

Ich komme aus dem Nichts, würde ich kurz und knapp sagen. Das heißt, ich komme aus der Situation, dass ich nichts hatte, nicht wusste, was ich tun soll – und noch nicht einmal genügend Motivation aufbrachte, mich um die wichtigen Dinge des Lebens zu kümmern.

Schon als Kind habe ich 80/20 gelebt, ohne es zu wissen.
Ich war kein Musterschüler, nie besonders gut, aber auch nicht besonders schlecht. Es hat immer ausgereicht, um Schwierigkeiten zu entgehen. Kein Lob, aber auch kein Ärger. Immer im Bereich der Noten 2 bis 3. Durchschnitt eben.
Ich hatte auch nie Ambitionen, ein Musterschüler zu sein. Statt dass ich gepaukt hätte, meldete sich schon früh der unternehmerische Geist in mir. Während meine Mitschüler büffelten, um perfekte Arbeiten zu schreiben, besorgte ich Wurstbrote und verkaufte sie nach dem Sportunterricht an alle, die Hunger hatten. Leerer Bauch studiert nicht gern – intuitiv erkannt und die Nachfrage hemdsärmelig bedient, würde ich sagen. Auf die Schulfeste freute ich mich immer besonders, denn da klingelte die Kasse, wenn ich Alkohol aus meinem Spind heraus verkaufte.
Meine Mutter erzählte mir kürzlich etwas, was ich schon längst vergessen hatte: »Du hast die Aufsätze für andere

Kinder geschrieben und dafür von jedem etwas bekommen.« Daran konnte ich mich ehrlich gesagt überhaupt nicht mehr erinnern.

Die Lustlosigkeit setzte sich im BWL-Studium fort. Meine Erziehung verlangte von mir, dass ich studierte. Am ersten Tag fuhr ich ein Verkehrsschild um, so ärgerlich war ich, dass ich ab jetzt an der Hochschule büffeln sollte. Immerhin konnte ich den Studiengang frei wählen und entschied mich für BWL, weil das alle machten. Doch die Ernüchterung setzte schnell ein.
Am ersten Tag erschien zu allem Überfluss auch noch das Fernsehteam eines Regionalsenders und filmte 190 Studierende im Vorlesungssaal. Man machte uns weis, wir seien die Allertollsten, weil wir den Numerus clausus geschafft hatten und an diesem Ort studieren durften. Immerhin seien wir die Elite gewesen, die aus der dreifachen Menge an Bewerbern übrig geblieben sei. Alle freuten sich und flanierten mit geschwellter Brust aneinander vorbei. Ich hielt das für absolut absurd, weil wir zu dem Zeitpunkt noch gar nichts erreicht hatten.

Das Beste, was Du tun kannst, wenn Du studierst, ist das: Entweder ziehst Du es mit minimalem Aufwand durch, oder Du gehst den wirklich superelitären Weg. Denn was nutzt

Dir die Top-Uni, wenn Du danach durch die Mühlen des Angestelltendaseins gedreht wirst?
Unser Professor erzählte uns, dass er sich sein Traumauto – einen Alfa Romeo Spider – nicht leisten könne. Da läuteten bei mir schon die Alarmglocken. Wenn nicht schon vorher, stellte ich spätestens an diesem Tag das gesamte System infrage.
Mir wurde die ganzen Jahre nicht klar, was das Studium überhaupt für einen Sinn macht. Das ist mir übrigens heute noch nicht klar. Was soll denn die langfristige Idee dahinter sein?

In keinem einzigen Praktikum, das ich vor oder während meines Studiums absolvierte, erkannte ich eine Perspektive für mich. Ich konnte den klassischen Weg nicht gehen, den fast jeder geht. Weil das nicht zu einer Befriedigung geführt hätte. Am Ende lautet die Quintessenz im Fall Alex Riedl: Das entscheidende Gen fehlt – das Angestellten-Gen. Es funktionierte für mich überhaupt nicht.
Mit sehr viel Arbeit, ungeheurer Energie und in vielen Versuchen habe ich eine Philosophie für mich entwickelt. Einen Weg, der nicht nur funktioniert – sondern der für mich sogar außergewöhnlich gut funktioniert. Der mir ermöglicht, heute zu leben, zu arbeiten und meine Zeit zu verbringen, wie ich es mir früher im Traum nicht hätte vorstellen können.

Ich möchte es noch einmal unterstreichen. Ich führe heute ein Leben, von dem ich sagen kann: Es ist auf allen Ebenen besser, schöner und reicher als jemals zuvor. Ich bin längst über den Zielzustand hinausgeschossen, was sich fantastisch anfühlt. Ich war Gott sei Dank in der Lage, meine eigenen Ideen umzusetzen, meine Stärken zu finden und eine eigene Philosophie für mich zu definieren. Diese Philosophie bekommst Du in den nächsten Kapiteln in hoher Dosis verabreicht.

Ich bin ein sehr glücklicher Mensch. Ich bin der glücklichste Mensch, den ich kenne. Aber ich bin nie zufrieden mit dem, was ich habe, was ich bin.

Für mich geht es immer darum, mir die Frage zu stellen: »Wer werde ich?« oder »Zu wem entwickle ich mich?« Ich denke, dass so viele Dinge im Leben einfacher werden, wenn unsere Persönlichkeit mit dem übereinstimmt, was unser Ziel ist. Wir müssen genauso hart an uns selbst arbeiten wie in unserem Job. Dass wir Menschen alle mit besonderen Fähigkeiten auf die Welt gekommen sind, mit Talenten, und dass wir uns nicht verstecken müssen – das steht fest. Doch jeder Einzelne muss sich auf die Suche nach diesen Talenten machen.

Ich persönlich habe heute eine sehr hohe Motivation. Ich will 80/20 bis ins kleinste Detail anwenden, es vollumfänglich leben, was mir noch nicht immer gelingt. Und ich möchte es für andere nutzbar machen. Ihr Leben soll sich so wie meines immer wieder neu revolutionieren. Ich möchte mehr Menschen helfen und noch mehr Einfluss nehmen, um Gutes zu bewirken.

Wenn man nur das tut, was alle machen, dann ist es normal, es ist beliebig und damit wahrscheinlich wenig erfüllend. In meiner Schul- und Studienzeit habe ich das erkannt, ich zog jedoch noch nicht systematisch Folgerungen daraus. Aber schon damals empfand ich ungeheure Sympathie für 80/20 – wenig tun und viel rausbekommen. Das war meine Idee.

Und wahrscheinlich war das auch Deine Idee, Dein Grund, Dein Warum, Dein Why, wieso Du ins Network-Marketing eingestiegen bist, oder? Von Deiner Upline wurde Dir erzählt, dass Du mit minimalem Aufwand ein Maximum erreichen kannst. Dass Du die Karriereleiter nur so emporschießt, nicht wahr?
Hat es sich schon bewahrheitet? Glaubst Du, dass Du es schaffen kannst, wenn Du genauso weitermachst wie bisher? Ja? Oder eher nein?
Die Antwort, die Du Dir jetzt gerade gegeben hast, ist unerheblich. Denn ob Du aktuell etwas vorankommst oder im

Bonusplan festhängst, spielt keine Rolle. Denn wenn Du einfach weiterliest, mitdenkst und umsetzt, was ich Dir vermittle, dann wirst Du erfolgreich werden. Das verspreche ich Dir.

Hier kommen Autor und Leser zusammen, hier liegen unsere Interessen dicht beieinander. Wir sind wahrscheinlich ähnlich veranlagt. Ich bin ein Energiespar-Typ und mache die richtigen Sachen, um das absolute Maximum herauszuholen. Und Du möchtest aller Wahrscheinlichkeit nach das Maximale aus Deinen Möglichkeiten herausholen, ohne Dich übermäßig zu verausgaben, richtig? Also, worauf warten wir noch?

Das Pareto-Prinzip kennen und davon profitieren

Wenn Du die nachfolgenden Zeilen gelesen hast, fühlst Du Dich möglicherweise wie in einem anderen Film. Inhaliere, was ich Dir jetzt sage. Es wird sich auf Dein Leben, nicht nur als Networker, auswirken.

Im 19. Jahrhundert bereits befasste sich der italienische Ökonom Vilfredo Pareto mit der Wohlstandsverteilung und stellte eine extreme Ungleichheit der Einkommensverhältnisse fest. Schon vor mehr als anderthalb Jahrhunderten verteilten sich nach seinen Untersuchungen 80 Prozent des Vermögens auf 20 Prozent der Bevölkerung.

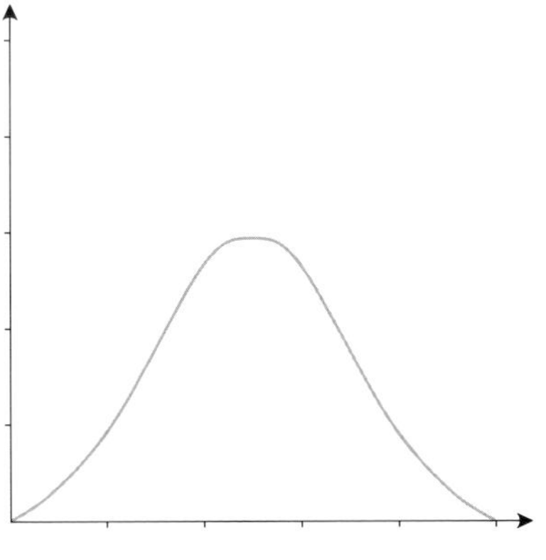

So stellt sich der Laie die Einkommensverteilung in der Gesellschaft vor – Vilfredo Pareto entdeckte, dass in Wirklichkeit alles anders ist.

Umgekehrt blieben für 80 Prozent der Bevölkerung gerade noch 20 Prozent der verfügbaren Werte übrig. Pareto weitete seine Untersuchungen auf ganz Europa aus und stellte fest, dass hier überall die Vermögen im gleichen Verhältnis auseinanderklafften. Doch damit nicht genug. Diese Erkenntnis lässt sich auf alle Lebensbereiche anwenden – auch aufs Network-Marketing.

Die Idee des Pareto-Prinzips wurde immer wieder von bekannten Wissenschaftlern aufgegriffen und republiziert. Dennoch blieben die Auswirkungen überschaubar. Die bedeutenden Erkenntnisse des Italieners entfalteten über weit mehr als ein Jahrhundert nicht die Strahlkraft, die sie verdient hätten.

Übertragen auf das Network-Marketing-Geschäft bedeutet das Pareto-Prinzip, dass 80 Prozent aller Networker nur 20 Prozent aller verfügbaren Erträge vereinnahmen, während umgekehrt 20 Prozent der Networker 80 Prozent der entstehenden Einnahmen generieren.

Ein anderes Beispiel: Während 20 Prozent Deiner Partner 80 Prozent des gesamten Teamumsatzes machen, ist die Performance der Masse überschaubar. Auch hier teilen sich vier Fünftel Deiner Leute einen bescheidenen Erfolg, nämlich – na klar, 20 Prozent. Die Ergebnisse können noch stärker abweichen – je nach Thema und Spezifikation sprechen wir in Ausnahmefällen auch von 90/10 oder gar 99/1.

Wer als Networker einsteigt, kann sich ausrechnen, dass seine Quote unter normalen Umständen nicht gerade für ihn oder sie spricht. Die Wahrscheinlichkeit, an die Spitze zu kommen, liegt bei 20 Prozent. Auch, aber nicht nur in der Network-Marketing-Welt herrscht eine extreme Unausgeglichenheit. Balance ist nicht die Regel, sondern die Ausnahme. Fifty-fifty kommt in der Praxis so gut wie nicht vor.

Wenn Du verstehst, dass die Unausgewogenheit naturgesetzmäßig der Normalfall ist, dann kannst Du nachvollziehen: Die eigene Persönlichkeit bleibt auf der Strecke, wenn Du jahrzehntelang nach dem Prinzip 50/50 lebst und Dich darüber wunderst, wieso sich Deine Erwartungen nicht erfüllen.

Gleichmäßiger Input bringt keinen gleichmäßigen Output hervor

Pareto hält Einzug in jeden Winkel Deines Lebens: Sehr wenige Faktoren führen zum größten Teil Deines Stresses. Auch das ist eine ganz wesentliche Erkenntnis: Obwohl sich die Menschheit nach vorn entwickelt, obwohl es neue Technologien gibt und für jeden Einzelnen viele neue Chancen, hat das 80/20-Prinzip seit jeher Bestand. Die Verteilung der Einkommen weltweit bleibt immer gleich, unabhängig davon, ob es mehr oder weniger Steuern gibt und in welcher Höhe. Die Verteilung gilt für das Unternehmertum und für alle anderen Lebensbereiche auch.

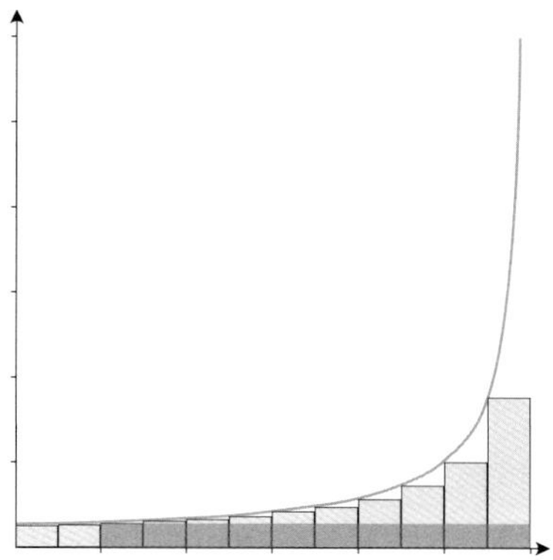

So sieht die Verteilungskurve nach Pareto aus.

Für alle, denen jetzt das Lachen aus dem Gesicht fällt, hier eine gute Nachricht. Es gibt ein »Gegenmittel«: Weniger tun und versuchen, damit mehr zu erreichen – einfach weil es möglich ist, wenn Du Dich auf die wenigen wichtigen Dinge konzentrierst.

Wir Menschen sind mit einem völlig falschen Programm unterwegs. Das, was wir gelernt haben und so wie wir

geprägt wurden, ist zum Teil einfach falsch. Kein Wunder also, wenn so viel in die falsche Richtung läuft und wir ohnmächtig dabei zusehen müssen.
Wer glaubt, dass mit steigender Zahl von Mitarbeitern die Ergebnisse besser werden, irrt. Wer versteht, dass immer ein kleiner Teil für Großes verantwortlich ist, ist auf dem richtigen Weg: 20 Prozent aller Wissenschaftler haben die Welt nachhaltig verändert. In 20 Prozent aller Städte leben 80 Prozent der Menschen.
Dasselbe im Sport: 20 Prozent aller Spieler – egal in welcher Liga, ob im Fußball, Eishockey oder Basketball – machen 80 Prozent der Tore, Körbe und Punkte. Auch wenn es sich im ersten Moment kontraintuitiv anfühlt – es ist so.

Für alle, die sich bei diesem Gedanken unwohl fühlen, hier die Quintessenz: Es ist Deine Möglichkeit, Dein Vorteil. Du kannst zum besten Fünftel gehören, wenn Du Dich darauf einlässt.
Denn anders als die anderen, kannst Du dieses Prinzip auf Dich übertragen. Du kannst es für Dich einsetzen, wenn Du verstehst, dass Du nach dem Ungleichgewicht Ausschau hältst und den größten Hebel suchst, statt Dich in Ausgeglichenheit zu sonnen. Müh Dich nicht länger mit den Dingen ab, die nichts bringen, und peil stattdessen vernünftige Ergebnisse an.

80/20 widerspricht massiv dem, was wir eigentlich erwarten, ist aber überall auf unserer Welt die ganze Zeit sichtbar. Schauen wir uns mal in der Promiwelt um: Hier heißt es »The winner takes it all«. Prominente – also die meisten von den Leuten, die sehr bekannt sind, seien es nun A-, B- oder C-Promis –, verdienen verhältnismäßig wenig. Und dann gibt es die unangefochtenen Superstars – die 20 Prozent, die 80 Prozent allen Geldes verdienen, das unter Prominenten verteilt wird.
Das Prinzip setzt sich auf den Kinoleinwänden fort: Das eine Fünftel der echten Kassenschlager erzielt vier Fünftel der Kinofilmumsätze.

Die genannten Beispiele belegen, dass nicht die Menge der Zeit, die Du investierst, und auch nicht die Menge der Partner, die Du gewinnst, für Deinen Erfolg maßgeblich ist, sondern schlicht und ergreifend die Qualität. Die Qualität der Beziehung zu den richtigen Partnern und die Qualität der Maßnahmen, die gemeinsam mit den richtigen Partnern umgesetzt werden.

So wie es in der Menschheitsgeschichte bedeutsame Etappenschritte gab, die aus uns das gemacht haben, was wir heute sind – ich spreche von der Entdeckung des Feuers und davon, dass wir es künstlich erzeugen können, von der

Ein Beispiel:
Wenn hundert Leute ins Network-Marketing einsteigen, dann könnte man im ersten Moment niemandem den Gedanken verübeln, dass achtzig der hundert Einsteiger viermal mehr erreichen als die übrigen zwanzig, richtig? Einfach schon deswegen, weil achtzig Leute viermal so viele sind wie zwanzig.
Und genau da liegt der Denkfehler, wenn man sich dieses Network-Marketing-Team mit der Pareto-Lupe ansieht. Die große Masse der Einsteiger wird – gemessen an den zwanzig Stärksten – eine schwache Performance abliefern. Wir wissen nicht, wer das sein wird. Aber es wird so sein.
Network-Marketer, die von dieser Verteilung wissen, werden sich nun also nicht mehr zufrieden zurücklehnen und davon ausgehen, dass das Geschäft sich verselbstständigt. Sie werden sich auf die Suche nach ihren Perlen machen. Sie wissen, dass die tatsächliche Verteilung in eine andere Richtung läuft. Die Ergebnisse setzen sich nicht proportional zusammen, so wie es in den Mathematikbüchern an den Schulen gelehrt wird: »Wenn ein Maurer allein ein Haus in einem Monat baut, wie viel Häuser bauen dann zehn Maurer in einem Monat?« Zehn? Mit Sicherheit nicht.

Erfindung der Dampfmaschine, der Industrialisierung, der Telekommunikation und dem Internet –, so gibt es auch im Network-Marketing die wesentlichen Hebel, die Dich zum Besten aufsteigen lassen. Wenn Du sie dagegen nicht erkennst, werden sie Dich bis zum Sankt-Nimmerleins-Tag in der Bedeutungslosigkeit halten.

Find also wenige richtige Partner, statt alle und jeden einzuschreiben, die in Dein Leben treten.
Das Wichtigste, das man an 80/20 verstehen muss, ist Folgendes: Es handelt sich nicht nur um eine Idee, einen Trick oder einen Trend, um einen Hype oder eine Ideologie. Die 80/20-Verteilung ist ein Naturgesetz.
Ein Naturgesetz, das in unserer Gesellschaft kaum bekannt ist und deswegen allgemein wenig Anwendung findet. Selbst wer 80/20 kennt, sitzt immer noch der Gefahr auf, diese Verteilung aus den Augen zu verlieren, wenn er sich darauf nicht konzentriert.

Das Gute an einem Naturgesetz ist: Es gilt für jeden. Wer es kennt, kann davon profitieren. 80/20 ist so wie die Schwerkraft auch: weder gut noch schlecht. Beides ist einfach da.

Nun verstehst Du, wieso ich davon gesprochen habe, dass eine neue Denkweise notwendig wird, wenn Du im Network-Marketing erfolgreich bestehen willst. Wir sind gesellschaftlich, schulisch, mental auf Ausgeglichenheit gepolt – jetzt lernen wir 80/20. Gegen ein selbst gezimmertes Weltbild zu verstoßen ist schwierig. Es ist kontraintuitiv und verletzt Hirn und Herz. Doch es ist der Preis, den Du bezahlen musst, wenn Du wirklich in die Profiliga aufsteigen willst.

Nimm Abstand von dem, was Du tust, stell Deine Tätigkeiten auf den Prüfstand und sei kritisch. Schärf Dein Bewusstsein, stell Dich auf 80/20 ein. Trainier Dich darin, weniger zu arbeiten als bisher, aber erwarte trotzdem signifikant bessere Ergebnisse.

Tu nicht 80 Prozent irgendwas, sondern 20 Prozent das Richtige. Das ist der Kern. Nun folgt die Anwendung.

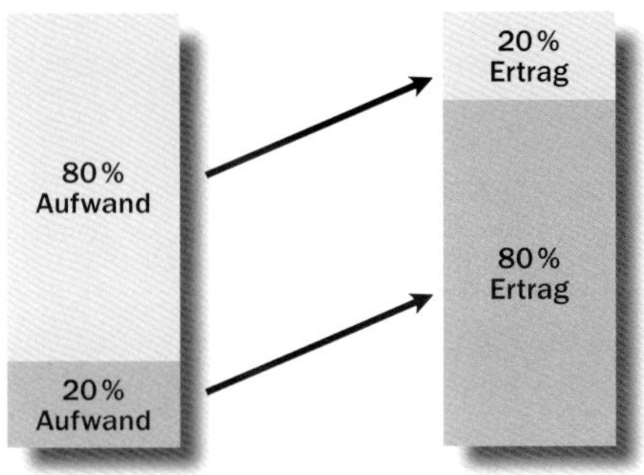

In allen Lebensbereichen schlägt »Pareto« zu.

Kapitelfazit

So denkst Du als 80/20-Networker:
Ich bin früher mit Sicherheit nicht der Einzige gewesen, der unter chronischer Unlust litt. Schon von Kindesbeinen an stellen sich die Weichen für das künftige Berufsleben und vor allem für die Denkweise. Was passiert in der Schule, wenn Kinder unmotiviert und antriebslos sind? Warum ist das so?
Viele von ihnen verstehen nicht den Sinn hinter dem, was sie tun oder tun sollen. Die Anreize, Aufgaben zu erledigen, sind gering. Nicht selten fehlt die Einsicht in die Sinnhaftigkeit und ganz oft der Spaß am Lernen.
An diesem Punkt werden Eltern zum Lehrergespräch oder zur Schulleitung gebeten. Welcher Elternteil hat noch nicht den Satz gehört: »Ihr Kind muss fleißiger werden.« Hier, in der frühesten Entwicklungszeit, bauen sich die falschen Glaubenssätze auf, die sich Woche für Woche, Monat für Monat und Jahr für Jahr immer tiefer einprägen und im Erwachsenenalter so verhärtet sind, dass man sie nur schwer loswird. »Du musst lernen, das Leben ist hart. Lernen macht nicht immer Spaß.«
Solche Ideen, durch das soziale Umfeld permanent und gebetsmühlenartig wiederholt, legen Betroffene sprichwörtlich und dauerhaft in Ketten. Die Menschen bringen einander bei, dass es wichtig und richtig sei, Dinge zu tun, die in Wirklichkeit sinnlos sind. Häufig werden Methoden umgesetzt, die nicht dem Prinzip der Wissensmaximierung entsprechen, es wird ineffektiv und ineffizient gelernt und gelehrt.
Auch das Wissen ist ungleichmäßig verteilt. Dementsprechend wird ineffektiv und ineffizient gearbeitet – völlig konträr zu dem, was aus wirtschaftlicher Sicht eigentlich gefordert wäre.

Das ist die große Herausforderung, der Du als 80/20-Networker gegenüberstehst. Egal ob Du selbst in einer frei denkenden Familie aufgezogen wurdest oder heutzutage mit Menschen zu tun hast, denen diese Glaubenssätze anhaften.
Was also tun?

So handelst Du als 80/20-Networker:
Es fängt schon im Kleinen an. Als Elternteil, der 80/20 lebt, wirst Du Dein Kind unterstützen. Schreib es nicht ab und beteilige Dich nicht an sinnlosen Sanktionen. Und vor allem bestrafe es nicht für die fehlende Motivation. Beschäftige Dich mit ihm, mit dem Themengebiet, zeig ihm den Sinn hinter der Aufgabe – oder such gemeinsam mit Deinem Kind nach dem Sinn oder zumindest einer Erklärung, wieso eine Aufgabe gelöst werden soll. Nähere Dich der Blockade grundsätzlich spielerisch. Und erklär Deinem Kind, wieso es wichtig ist, in der Schule am Ball zu bleiben. Räum ein, dass es Aufgaben gibt, die auch Dir keinen Spaß machen. Schärf dennoch seine Sinne, damit es versteht, dass es nicht blind funktionieren und gehorchen muss.
Nur so kann sich der Geist entwickeln. Denn wie hat der Schriftsteller Francis Picabia einst gesagt: »Unser Kopf ist rund, damit das Denken die Richtung wechseln kann.«
Du hast die Möglichkeit, Deinem Kind dabei zu helfen, unbefangener zu lernen und zu verstehen. Damit wird es deutlich leichter in Deine Fußstapfen treten können, 80/20 schneller begreifen und besser umsetzen. Denn bei den Wurzeln fängt alles an.
Und das ist eine gute Lerneinheit, um auch Deine Geschäftspartner richtig anzuleiten.

Teil 2
LERNEN

Erfolg im Network-Marketing leicht gemacht

Network-Marketing: Willkommen im Haifischbecken

Die Network-Branche ist nicht nur Bling-bling, Glitzer und Chic, sie ist auch geprägt von Missgunst, Gier und Neid. Ein wahres Haifischbecken, in dem nach Dir geschnappt werden wird, wenn Du nach 80/20 aufbaust. Gut für Dich bedeutet nachteilig für andere.
Wie konkret nach 80/20 aufgebaut wird, erkläre ich Dir im Folgenden. Erst einmal erzähle ich Dir aber, wie ich an Bullenhaie geriet und wie ich ihnen glücklicherweise lebendig und unversehrt entkam.

Die Gelegenheit, mit Haien zu schwimmen, ergab sich für mich bis jetzt dreimal. Einmal eher aus Zufall und zweimal aus purer Absicht.

Doch eins nach dem anderen. Ich war wieder mal irgendwo in Asien unterwegs – wo genau, weiß gerade nicht – und habe mit meiner Frau beschlossen, einen Bootsausflug auf eine Insel zu buchen. Der Verkäufer der Tour stellte uns in Aussicht, wir könnten dabei auch auf Haie treffen.
Wir waren diesbezüglich eher skeptisch – wir wissen ja, was uns Prospekte und Verkäufer alles so versprechen und wie es dann in der Realität aussieht. Haie sind gefährlich, muss

nicht sein und wird auch nicht sein, dachten wir uns und buchten.
Wir stiegen also in das Boot und schipperten zur besagten Insel. Dort angekommen, sprangen wir ins Wasser und wollten etwas schnorcheln. Der Guide mahnte noch einmal: »Hier gibt es Haie.« Doch irgendwie nahmen wir ihn nicht ernst. »Pfff, Haie, ja klar.«

Wir schauten uns die wunderbare Unterwasserwelt an, die prächtigen Farben. Und schon nach kurzer Zeit – ein Hai. Wir sprangen aus dem Wasser: Hier gibt es Haie.
Der Guide schüttelte nur den Kopf. Er erklärte, dass das Schwarzspitzen-Riffhaie seien. Die kleinen waren nur 30 Zentimeter lang. Die größeren kommen, sobald es später am Tag wird.
Wir sind dann begeistert hinausgeschwommen und haben uns schnell an die Haie gewöhnt. Es war wie im Fernsehen – nur in echt. Bis zu 1,50 Meter lange Exemplare begegneten uns noch an diesem Tag. Ein fantastisches Erlebnis.

Dass ich nach dieser Erfahrung den Tauchschein machen musste, stand für mich sofort fest. Ich meldete mich in München in einer Tauchschule an und absolvierte den Kurs dort, weil ich meine Zeit im Urlaub maximal nutzen wollte, statt sie mit Theoriepauken zu verbringen. Die Theorie lief super, die Praxis im Tauchbecken auch. Ich habe dann noch die Generalprobe im Starnberger See mit 10 Meter Tiefe absolviert und war bereit für das große Meer.

Ich kontaktierte also eine Tauchschule in Südostasien, und sie nahmen mich mit auf Tauchtour. Es hieß: »Wir fahren zum Sail Rock, da wimmelt es von Haien.« Ich freute mich auf die erneute Begegnung. »Mega, Haie habe ich schon mal gesehen, dann mal los.«
Auf dem Weg erfuhr ich: Die Haie hier sind 3 bis 3,50 Meter lang statt 1,50 Meter. Und es sind keine harmlosen Schwarzspitzen-Riffhaie, sondern Bullenhaie, die sich auf dem »Gefährlichkeits-Index« gleich hinter dem Weißen Hai einreihen. Ich tröstete mich: »Sehe ich nicht, so tief tauche ich nicht.« Darauf die Tauchlehrerin: »Okay, wir treffen uns bei 20 Metern.«
Erster Versuch – Alex Riedl auf 13, 14, 15 Meter – Panik. Ich bekomme keine Luft mehr, gehe wieder nach oben. »Never ever – pack ich nicht.« Oben angekommen, fragt die Tauchlehrerin: »Was ist los, du wolltest doch Haie sehen, oder?«
Okay, zweiter Versuch. Geschafft, auf 20 Meter. Ich drehe mich um und sehe hinter mir sieben oder acht Bullenhaie. Schwimmende Festungen. Und wieder einmal raubt es mir den Atem. Mein Körper schüttet Adrenalin und Endorphine gleichzeitig aus.

Zum gleichen Zeitpunkt waren auch zwei Fotografen mit ihren Kameras unten. Und ich dachte, wenn hier jemand gefressen wird, dann sind die beiden sicherlich zuerst dran. Aber die Haie waren friedlich, kaum interessiert.
Der Sail Rock ist ein Felsen, ein überdimensionaler Stein, der aufrecht im Meer steht und von Blauwasser umgeben wird. Als ich mich umschaute und das Leben unter Wasser sah, ging mir das Herz auf. Mit der Zeit legten sich der ganze Stress und die Aufregung, es war einfach nur »Wow, wie geil ist das denn?«
Nach dem Tauchgang unterhielt ich mich mit anderen Tauchern. Es gab zwei Lager, stellte ich fest. Die einen sagten: »Das ist ja megacool«, und die anderen waren eher skeptisch, nach dem Motto: »Hey, das sind Bullenhaie«. Die Todesfallrate mit Bullenhaien ist wahrscheinlich die größte, was Hai-Attacken auf Menschen angeht. In jedem Fall ein Erlebnis, das ich mein Leben lang nicht vergessen werde.
In Südafrika bin ich dann tatsächlich einmal einem Weißen Hai begegnet. Der war allerdings in einem Käfig ...

Das Haifischbecken Network-Marketing habe ich keineswegs nur aus der Ferne beobachtet. Es ist nicht ungefährlich, wenn man unwissend ist und sich nur auf seine Upline verlässt. Keine physische Gefahr, aber sie kann durchaus existenzielle Auswirkungen haben.

Um Dich vor Schäden zu schützen, habe ich dieses Buch geschrieben.
Ich selbst erfuhr durch meinen besten Freund von Network-Marketing. Er kam an einem Sonntagabend zu mir nach Hause. Zuvor hatte er angerufen und gesagt, er müsse mir etwas Tolles erzählen.
Er schäumte über vor Begeisterung und teilte seine Erfahrungen mit mir. Schwärmte davon, dass er auf einem Seminar war und der Referent und seine Kollegen Porsche fuhren und alle supererfolgreich seien. Vom Geschäft erzählte Rainer mir erst einmal nichts – weder am Telefon noch bei mir zu Hause. Nur von seinen Empfindungen und für wie bereichernd er das alles hielt.
Da ich offen für etwas Neues war und Rainer sehr lang kannte – wir waren schon während der Schulzeit Nachbarn und Freunde –, hatte er mich innerhalb von fünf Sekunden überzeugt. Ich hatte zwar keine Ahnung, was auf mich zukam und wie das lief, aber ich habe gleich gesagt: »Ich bin dabei.«

Nach vierzehn Tagen fand ich mich auf dem gleichen Seminar wieder, das er an jenem Wochenende absolviert hatte.
Ich war auf der Suche nach einer Möglichkeit, und so landete ich im Network der Finanzdienstleistungen.
Für mich war Network-Marketing damals die große Chance, mit coolen Typen ein Geschäft aufzubauen, das mich finan-

ziell unabhängig machen konnte. Es würde alle Möglichkeiten mit sich bringen, wirklich das Leben zu leben, das ich mir vorstellte. Na klar, das alles mit möglichst wenig Aufwand. Ich wollte wirklich schnell reich werden. Ich wollte so sein wie die Typen, die in diesem Geschäft erfolgreich waren. Ich wollte dazugehören und meinen eigenen Weg gehen.

Mir erschloss sich eine neue Welt. Ich sah, dass man unabhängig sein und frei bestimmen kann, wer man ist, was man tut und worauf man Lust hat. Ich sah, dass es möglich war und ist, viel Geld zu verdienen, und das auf eine unbeschreiblich coole Art und Weise – ohne Chef oder jemanden, der sagt, wo es langgeht.
Alles war sehr, sehr oberflächlich. Es war aufregend und hat eine Zeit lang auch Spaß gemacht – eben weil die Verbindung zwischen Spaß, Arbeit und Kollegialität gestimmt hat. Ich bekam eine tolle Ausbildung. Schon damals sah ich, dass Wissen extrem wichtig war.

Ich glaube, ich arbeitete drei Jahre im Network-Geschäft. Tobi und Rainer waren extrem weit oben, und ich eiferte ihnen nach. Meine Persönlichkeitsstruktur zu diesem Zeitpunkt hat nicht gepasst, um es ganz bis an die Spitze zu schaffen. Ich habe viel Theorie gemacht, aber das Wissen nicht angewendet. Das war bis dahin immer so gewesen in meinem Leben. Ich war überzeugt von der Sache, aber ich habe wenig bis nichts getan, weil ich es gewohnt war, nichts zu tun. Früher hatte ich ja auch nur auf den externen Druck meiner Mutter reagiert.

Ich hatte immer tolle Pläne – doch Plan und Realität berührten einander nur selten. Es konnte nicht funktionieren, weil meiner Persönlichkeit so viel gefehlt hat. Ich habe die Sache nicht ernst genommen, so wie ich eigentlich nichts richtig ernst genommen habe. Ich hatte zu dieser Zeit keinerlei Fähigkeit, keinerlei Ziel, was dazu führte, dass »Reich werden mit Network-Marketing« für mich nicht funktionierte. Ein Pinguin lebt ja auch nicht in der Wüste.

Irgendwann begann ich mich reinzuhängen, mich anzustrengen. Als ich verstanden hatte, es anzuwenden, war das Thema »Network Finanzdienstleistungen« beendet. Wir gründeten unsere eigene Firma.

»Das Franchise des kleinen Mannes«

Heute ist Network-Marketing in meinen Augen das »Franchise des kleinen Mannes«. Es ist eine tolle Möglichkeit, ohne nennenswerten finanziellen Einsatz an einer unternehmerischen Tätigkeit teilzunehmen und zu partizipieren. In diesem Business bauen sich solide Macher auf. Wenn das richtige Wissen – ich spreche hier von 80/20 – angewendet

wird, dann ergeben sich daraus wahnsinnige Chancen und unglaubliche Skills.
Von Letzterem hast Du ein ganzes Leben lang etwas. Eines steht fest: Wenn man es im Network-Marketing bis ganz nach oben geschafft hat, muss man sich nie wieder Gedanken über das liebe Geld machen.
Du kannst im Network-Marketing lernen, mit Kritik umzugehen und Dich zu fokussieren. Und das halte ich für eine der Grundlagen, um voranzukommen.

Firmen und Märkte ändern sich, Network-Marketing als solches jedoch ist, wie gesagt, eine Chance, bei der Du durch das Investieren Deiner Zeit in Arbeit und eigene Kontakte etwas Großes aufbauen kannst. Einfach so, aus dem Nichts. Das ist eine Chance, die es sonst so nicht gibt. Weil Franchising in der Regel mit hohen Kosten verbunden ist. Mit der Zeit erhältst Du eine ganze neue Sicht auf die Dinge und auf die Welt.

Der Vertriebsfokus hat mir immer neue Türen geöffnet. Wir hatten erst den Plan, was wir verkaufen, bevor wir uns das Produkt überlegt haben, das wir durch den Sales-Kanal schleusten. Bei vielen Unternehmern, mit denen ich zusammenarbeite, ist es genau umgekehrt. Und daraus ergeben sich große Problematiken. Sie haben immer zunächst ihre Produkte im Blick, nicht aber den Vertrieb.

Wer im Network-Marketing erfolgreich wird, oder, noch besser, außergewöhnlich erfolgreich wird, sorgt sich nie wieder. Die meisten Leute unterschätzen aber, was auch ich damals unterschätzt habe. Ich dachte, das Geld kommt schnell. Man verlässt sich auf die Versprechen, auf die eigene Hoffnung. Doch Geld auf Knopfdruck ohne viel Arbeit gibt es nicht. Genauso wenig wie passives Einkommen. Jedenfalls dann nicht, wenn man nicht gerade als Langzeitarbeitsloser einen naiven Fallmanager bekommt, der ohne Nachfragen Monat für Monat das Geld rüberschiebt. Wir befinden uns in der Arbeitswelt. Nichts ist leicht, und es gibt nichts geschenkt.

Aber: Es macht Sinn, mit der 80/20-Brille an die Arbeit zu gehen. Obwohl ich damals ein überschaubares Team hatte, habe ich bereits vielen Networkern dabei geholfen, sehr schnell sehr viel Geld zu verdienen. Heute sind Wissen und Strategien vorhanden, die mich früher zum König der Branche hätten machen können.

Zur Strategie vieler Networker gehört es heute, Dinge, die in Wirklichkeit relativ schwer sind, einfach aussehen zu lassen. Oder, mit anderen Worten, es wird viel Augenwischerei betrieben: Ich als Beobachter sehe, wenn jemand, der hart arbeitet, es leicht aussehen lässt, große Teams aufzubauen. Ich habe durch meine Position die Möglichkeit, hinter die Kulissen zu schauen. Ich sehe, was versprochen und was gehalten wird.

Doch bei allen Einwänden: Network-Marketing ist und bleibt die Top-Alternative für alle, die keine Lust mehr aufs Angestelltenverhältnis haben und nicht über die Ressourcen verfügen, eine Fast-Food-Filiale zu eröffnen.

Erfolgreich wirst Du, wenn Du nicht allein bleibst und arbeitest. Es geht um den Aufbau von Netzwerken, unabhängig von Marke und Produkten.
Wenn ich persönlich heute noch einmal starten würde (davon hält mich aber die Unabhängigkeit unserer Firma ab), würde ich mir ein gewisses Budget setzen: 30 000, 40 000 Euro.
Ich würde E-Mail-Marketing betreiben und Online-Marketing-Prozesse darauf abstimmen – das Ganze mithilfe von Webinaren. Auf sie würde ich Facebook-Anzeigen schalten, die die ganzen Leute durch automatisierte Verkaufstrichter laufen ließen.
Das ist in der heutigen Zeit meine größte, beste und wichtigste Kernkompetenz.
Und dann würde ich die besten Leute vorselektieren und nur noch mit den Topleuten sprechen, die ich über diese Methode gewinnen würde. Ich gehe im weiteren Verlauf noch detaillierter darauf ein.

Nun erst einmal zurück zum Thema Haifischbecken.

Kapitelfazit

So denkst Du als 80/20-Networker:
Als Networker musst Du keine hohen Investitionen fürchten. Weil die Einstiegsbarriere also tief ist, sind viele verhältnismäßig schnell zum Mitmachen bereit. Du als 80/20-Networker weißt, dass die Gefahr besteht, sich mit anderen Arten von Investitionen übermäßig zu verausgaben – insbesondere was das Investieren von Zeit betrifft. Unwissenheit ist hier der unliebsame Begleiter. Es werden etwa unwesentliche Aufgaben von der Upline an die Downline weiterdelegiert. Fehlendes Zeitmanagement sorgt für finanzielle Engpässe, wenn aus dem Plan B ein Plan A geworden ist – sprich: zu schnell auf Hauptberuflichkeit umgeschaltet wurde. Die Hoffnung ersetzt beim klassischen Networker häufig die Planung.
Du als 80/20-Networker weißt, was Du tust. Du hast lange genug nachgedacht und triffst die richtigen Entscheidungen.
Wie der Franchisenehmer einer Fast-Food-Kette die Regeln der Firma übernehmen muss, um vom Marketing und dem Kundenzuspruch profitieren zu können, musst Du als 80/20-Networker geistig investieren. Wo gehst Du hin? Was genau tust Du?
Die Zielsetzung beim »Franchise des kleinen Mannes« richtet sich nach dem persönlichen Anspruch. Der Businessplan mit Zahlen, die die eigene Zielsetzung darstellen, ist elementar wichtig, um am Ende in einem System bestehen zu können, das große Erfolgschancen verspricht und dieses Versprechen auch halten kann. Wenn Du es richtig angehst und Dich ordentlich vorbereitest.

So handelst Du als 80/20-Networker:
Das, was Du erfahren hast, musst Du umsetzen. Du musst Dir Ziele setzen. Mach es nicht wie der »klassische« Networker mit seinem Wunschtraum, reich zu werden nach dem Motto: »Irgendetwas Gutes wird schon passieren«. Es wird nichts Gutes passieren, wenn Du nicht auch gut daran arbeitest – aktiv und unter Einsatz Deiner Möglichkeiten.
Du kannst Parallelen aus der klassischen Selbstständigkeit ableiten.
Du brauchst einen Businessplan. Lies Dich ein, was genau das für Dich bedeutet. Welche Kosten kommen monatlich auf Dich zu, und wie viel Geld soll Dir in Zukunft übrig bleiben?
Setz Dich intensiv mit diesem Thema auseinander. Lass Dir nicht das Wunschdenken der Upline bzw. des Sponsors überstülpen. Das ist allenfalls ein guter Impuls, um sich zu verändern und einzusteigen. Du bist auf etwas aufmerksam gemacht worden, nun steht die Umsetzung im Fokus.
Als 80/20-Networker nimmst Du den Impuls auf, aber nun beschäftigst Du Dich superintensiv mit der Materie. Du wirst Dich viel mehr reinhängen, als es andere machen. Viel nachdenken und wenig tun. Studier das System. Du kannst nicht davon ausgehen, dass die Upline Dir etwas über die Herausforderungen erzählt, die vor Dir liegen. Umso wichtiger, dass Du die Anforderungen kennenlernst.
Andernfalls stellt sich Unzufriedenheit ein, und der Austritt aus dem System ist die logische Konsequenz. Durch Unwissenheit kommt die Branche in Verruf, obwohl die grundsätzliche Idee hinter Network-Marketing brillant ist.

80/20-Networker im Business: Zeigt die Upline Zähne?

Vermutlich wird nicht nur die Upline eher sparsam damit sein, Freude zu zeigen, wenn plötzlich die 80/20-Networker wie Pilze aus dem Boden schießen. Sondern ganz besonders auch die Downline.
Die Strukturen der Networks sind auf ganz andere Anforderungen ausgelegt. Doch wenn einzelne Networker nach oben wollen, wer sollte sie schon aufhalten?
Leider haben viele Uplines keine oder sehr wenig Ahnung vom Geschäft. Deswegen kommen die Leute auch zu uns. Sie kaufen vom REKRU-TIER Mentorship und hochwertiges, erstklassiges Wissen, bei dem von vornherein klar ist, dass es funktioniert.

Mangelnde Unterstützung ist für den einzelnen Network-Marketer das Urteil zu stagnieren oder im schlimmsten Fall der finale Dolchstoß. Die Leute kommen nicht voran, wenn sie keinen Plan haben. Sie schreiben wahllos irgendwen ein und wundern sich über irgendwelche Ergebnisse, die es nicht verdienen, dass man hier über sie spricht.
Viele Networker meinen auch, dass ihre Arbeit getan ist, wenn sie neue Leute eingeschrieben haben, die ihnen durch Zufall in die Arme gelaufen sind. Dann sind sie mit ihrem

Latein auch schon am Ende und haben keinen Plan, wie es weitergeht.
Doch das Allerwichtigste, wenn Du Dich zum 80/20er entwickeln willst, ist, dass Du die richtigen Partner gewinnst. Sie sollten »weder Hinz noch Kunz« heißen. Zwei Partner, die brennen, die Bock haben, die den Plan kennen und das Mindestmaß an sozialer Kompetenz mitbringen, die außerdem bereit sind, sich von Dir zum Erfolg führen zu lassen, sind tausendmal wertvoller als 10 000 Termine innerhalb der nächsten drei Jahre.

Immer wieder begegnen mir Networker, die mich vom Gegenteil zu überzeugen suchen. Ich stehe unglaublich auf die Phrasen wie »Das macht man aber so« oder »Das hat man schon immer so gemacht«. In meiner Welt disqualifizieren sich solche Leute für weitere Gespräche.
Auch das ist 80/20. Natürliche Auslese.

Mit 80/20 wird das Rad nicht grundlegend neu erfunden. Natürlich hältst Du Dich an die Grundregeln des Geschäfts – keine Frage. Aber im Rahmen des Machbaren lässt sich alles frei definieren – so wie es für Dich funktioniert.
Nicht selten versucht die Upline, Dir Dinge beizubringen, die völlig sinnbefreit und überflüssig sind. Entweder weil sie selbst keine Ahnung hat oder weil sie Dich aktiv daran

hindern will zu wachsen. Das sind keine 80/20-Networker. Das sind die, die selbst Angst vor allen Dingen haben. Wenn die ersten guten Ergebnisse von Dir sichtbar werden und sie sind herausragend gut, dann wittern sie, dass sie überholt werden – in einigen Systemen ist das ja möglich. In diesem Augenblick setzt bei ihnen der Verteidigungsinstinkt ein, um der Verdrängung entgegenzuwirken. Wenn Angst und Neid aufkommen, kann es turbulent werden im »Haifischbecken«.

In jedem Network gibt es ein paar Handvoll Leute, die nicht besonders aktiv sind und dennoch Riesenschecks einstreichen. Das sind 80/20-Networker.
Ihnen ist dieses Buch gewidmet. Sie sind die wahren Gewinner. Sie werden häufig neidisch beäugt von oben und von unten. Ihnen wird vorgeworfen: »Hey, der macht aber nichts«, »Der ist nicht immer da«, »Ich erreiche den meistens nicht«, »Wo ist denn der schon wieder«, »Hat er sich schon wieder das neue Auto gekauft«, »Der ist schon wieder nicht erreichbar«, »Der ist schon wieder da oder da«.
Das bedeutet, diese Leute, von denen die Rede ist, leben den Traum, den alle träumen, und gleichzeitig ist ihnen der Neid sicher, der daher kommt, dass sie 80/20-Networker sind. Dieser Neid kommt auf, weil das Verständnis fehlt, wie es funktioniert. Dass die Leute einfach nur effizient

und effektiv arbeiten, haben die wenigsten auf dem Zettel. 80/20-Networker verausgaben sich nicht bis zum Maximum. Deswegen sind sie auch nicht sonderlich beliebt. Trotzdem trifft sie Aufmerksamkeit und stille Bewunderung. Denn sie sind die Einzigen, die das System Network-Marketing verstanden haben.

Es macht keinen Sinn, in dieser Branche tätig zu sein, wenn Du kein 80/20-Networker bist. Entweder verdienst Du gar kein Geld – oder Du verdienst zwar viel Geld, doch gibst zu viel davon aus oder bist völlig überarbeitet.
Ergebnisse sind über jeden Zweifel erhaben. Entweder Du hast Erfolg, oder Du hast eine Geschichte.
Es ist immer so. Du fragst die Leute: »Wie läuft es?« Umso länger die Geschichte, desto weniger Erfolg. Du hörst davon, wieso das eine oder das andere nicht funktioniert. Die Liste der Erklärungen ist ellenlang.
Die Leute, die Erfolg haben, erzählen keine Geschichten.

Wenn Du als 80/20-Networker unterwegs bist, wird die Downline natürlich versuchen – bewusst oder unbewusst und durch Unkenntnis des Systems –, Dein Vorhaben zu torpedieren. Es wird angeklopft und angerufen, gesimst und gemailt mit Aufgaben, Anfragen und einem enormen Rauschen, das dadurch verursacht wird.

Dir werden viele Signale gesendet, die völlig sinnlos sind. Es gibt in jedem Team immer ein paar Leute, die unglaublich viel Zeit fressen. Die aber letztendlich unproduktiv sind.
Das passiert, wenn man sein Team halbherzig und unkonzentriert zusammenstellt. Falsche Leute an Bord werden immer Kraft kosten und für wenig Resultate sorgen. Du musst sie konsequent aussortieren, wenn das vermieden werden soll.

Im Endeffekt ist es im Network-Marketing wie in der Agrarwirtschaft: Wir haben einen fruchtbaren Boden, und der heißt Network-Marketing. Wir sprechen hier vom gesamten Geschäftsmodell. Die Samen sind die Partner. Wir säen diese Samen aus, und bald schon sprießen sie sehr dicht nebeneinander. Je besser die Qualität des Samens, desto mehr wird sprießen.
Im 80/20-Prozess wird es immer so sein, dass ein Fünftel des Samens stärker und besser wächst als der große Rest. Als Bauer oder Gärtner werden wir unsere Pflanzen frei von Schädlingen und Unkraut halten. Wir werden dafür sorgen, dass es unseren Pflanzen gut geht. Samen, die faul sind oder nicht funktionieren, sortieren wir aus. Sie sollen den guten Samen nicht negativ beeinflussen.
Aussortieren, was nicht funktioniert. Im Network-Marketing meldet sich bei einigen Lesern jetzt wahrscheinlich das

schlechte Gewissen, die soziale Verantwortung. Denn die Aufforderung klingt elitär und fühlt sich nicht gut an. Dennoch ist das die einzige Möglichkeit, nach 80/20 zu arbeiten, zu lernen und am Ende erfolgreich zu sein.

Was man tun kann, ist, sich den Einfluss auf die wenigen wichtigen Leute zu sichern. Das macht man sowieso, wenn man in der Struktur richtig arbeitet. Wenn ich die Kontrolle über die Kernleute habe, die wichtig sind, und ich ein guter »Politiker« bin, dann habe und behalte ich die Kontrolle über das Team.

Es geht ohnehin immer nur darum, dass das ganze Team auf die Menschen und Köpfe ausgerichtet ist – nicht auf die Firma und Produkte. Das Team ist das wahre Kapital. Deswegen solltest Du auch das Produkt immer hintanstellen, und zwar von Anfang an. So bist Du der Firma gegenüber autark. Natürlich nur, wenn das Team auch wirklich hinter Dir steht.

Dann kannst Du Deiner Firma sagen: »Hey, Leute, wir finden die Entscheidung, die ihr getroffen habt, nicht gut – macht die rückgängig, oder wir überlegen uns, irgendwoanders hinzugehen.« Und im Zweifel geht Ihr dann auch geschlossen. Denn dann habt Ihr alle Macht der Welt. Wer Umsatzbringer

Nummer eins ist, Nummer zwei, Nummer drei oder Nummer vier – der hat Argumente, die kriegsentscheidend sein können.

Als ich noch im Network-Marketing aktiv war, hatte ich ein überschaubares Team. Die wirklichen Erfolge feierte ich erst, als ich längst draußen war – mit meinen Kunden.
Ich führte Tests durch, und als sie von Erfolg gekrönt waren, profitierten meine Kunden von den neuen Strategien. Mit einem der ersten Klienten baute ich innerhalb von acht Wochen 117 neue Leute auf. Von ihnen waren 80 Prozent aktiv. Das war zu diesem Zeitpunkt der schnellste Teamaufbau, den ich realisierte, und mein Beweis, dass 80/20 eine Allzweckwaffe ist, die in jeder Branche Anwendung finden kann.
Ich erinnere mich noch ziemlich genau. Ich sprach in einem unserer Seminare meinen Protegé an und stellte ihm Werkzeuge und Wissen in Aussicht: »Ich sage dir, was du machst, und du machst, okay?«
Und er machte. Zwei Monate lang telefonierte ich jeden Tag mit ihm. Ich versorgte ihn mit Infos, gab ihm Hilfestellung. Er baute 116 Leute unter sich auf. Das wurde zur Basis unseres 80/20-Premium-Coachings, das wir heute anbieten.
Es geht nicht darum, zehn Leute in einer Runde zu rekrutieren, sondern jeden Einzelnen mit Bedacht vorzuselektieren

und ihn durch einen ordentlichen Auswahlprozess zu schicken. Gewissenhaft arbeiten, dann sind Geschäftserfolge garantiert.
Ich habe die Topleute meines damaligen Klienten persönlich angerufen und sie ins Geschäft geholt. Wir hatten eine megagute Quote.

Kapitelfazit

So denkst Du als 80/20-Networker:
»Wenn Du möchtest, dass etwas richtig gemacht wird, mach's selbst.« Zumindest am Anfang sollte so das Credo eines jeden 80/20-Networkers lauten. »Verlass Dich nicht auf andere, denn sonst bist Du verlassen.«
Diese Weisheiten haben im Network-Marketing viel mehr Gewicht, als man glauben möchte. Der Sponsor neigt dazu, die künftigen Aufgaben als übermäßig leicht darzustellen, häufig ohne selbst daran zu glauben.
Wenn Du als 80/20-Networker die Aufgaben dann aber tatsächlich mit größter Leichtigkeit umsetzt, dann kann das schnell zu Neid in den eigenen Reihen führen.

So handelst Du als 80/20-Networker:
Glaub nicht daran, dass am Anfang alles leicht wäre, denn das stimmt nicht. Du musst, bevor Du richtig gut sein kannst, alles lernen.
Find die maximalen Hebel, die Du nutzen kannst, wenn Du die Augen offen hältst, wenn Du fleißig bist, Dich einarbeitest und dranbleibst. Network-Marketing ist kein Hexenwerk, sondern lässt sich, wenn man so will, nutzen wie ein Flaschenzug. Du verteilst die Kräfte und erzielst damit viel bessere Ergebnisse, als Du allein jemals bewerkstelligen könntest.
Stell Deine Network-Maschine richtig ein. Verlass Dich auf Dein Gespür und sorg dafür, dass Du die richtigen Partner gewinnst. Die Partner, die toll aussehen oder Dir grundsätzlich sympathisch sind, müssen nicht zwangsweise die richtige Wahl sein. Du suchst nach Leuten, die etwas können, die kompetent sind.

Möglicherweise weichen die Skills der Leute, die wirklich etwas können, von den Deinen ab. In jedem Fall teilt Ihr die gleichen Werte.
Wenn alle über das gleiche Wissen verfügen, dann können sie einander nicht ergänzen. Synergien schafft man nur, wenn man mit unterschiedlichem Wissen an einem Strang zieht.
Wenn Du Dir den Bau eines Hauses vorstellst, dann reichen hundert Maurer nicht aus, um es fertigzustellen. Denn es fehlen der Zimmerer, der Dachdecker, der Klempner. Der Fensterbauer fehlt, und so weiter.
Nur in einem Team, in dem alle Anforderungen erfüllt sind, lassen sich maximale Ergebnisse erzielen. Ist Deine Auswahl falsch, züchtest Du ein inaktives Netz, und das kostet in aller Regel Deine persönliche Kraft und Deine persönliche Zeit. Das ist alles, nur nicht 80/20.
Überleg, wo Deine Stärken liegen, und such die Leute, die Deine Schwächen kompensieren können.

Grundlagen für den Einstieg ins Network-Business

Zunächst einmal ein Hinweis für alle Einsteiger: Wenn Ihr noch im Angestelltenverhältnis seid, behaltet es zunächst einmal bei. Schafft Euch Freiräume, um das Geschäft aufzubauen, aber kündigt nicht impulsartig. Denn sonst könntet Ihr das schnell bereuen.

Durststrecken einplanen!

80/20 ist ein guter Begleiter. Dabei geht es zunächst einmal um das Wissen über diese Verteilung. Jedoch reicht Wissen allein nicht aus. Es muss angewendet und trainiert werden. Zunächst wird sich mit 80/20 eine wahnsinnige Veränderung Deiner Denkweise einstellen.

In jedem Geschäft gibt es Durststrecken. Erst nach langen Plateauphasen, in denen nichts läuft, kommt es bei richtiger Vorgehensweise zu erheblichem Wachstum Deines Geschäfts. Wenn Du plötzlich signifikante Veränderungen bemerkst, schärf Deine Sinne und beobachte. Analysiere und prüfe, wieso Maßnahmen erfolgreich funktionieren. Wieso machst Du plötzlich Sprünge nach vorn? Oder umgekehrt – wieso stagniert es plötzlich wieder?

Um Durststrecken zu verkürzen, gerade am Anfang der Network-Marketing-Karriere, ist es wichtig, eine solide finanzielle Basis zu schaffen. Egal wie hoch oder klein die Motivation ist.
Ich wiederhole mich hier gern noch einmal: Im Network ist es extrem wichtig, mit einem Grundeinkommen zu starten und in seinem Job zu bleiben oder, wenn man keinen Job hat, sich einen zu suchen, der die Grundversorgung sichert. Denn sonst kann man nicht vorwärts gehen.
Aus einer nachteiligen Position heraus ziehen sich Durststrecken in die Länge.

Gerade wenn man am Anfang motiviert in irgendetwas reinstartet, werden naturgemäß häufig die wichtigen Dinge vernachlässigt. Ein fataler Anfängerfehler.
Dein Mindset muss stimmen. Und es stimmt nur, wenn Du Deine Miete bezahlen kannst.

Ich weiß, wovon ich rede: Ich selbst habe früher nachts in irgendwelchen Clubs Biermixgetränke verkauft, um mich über Wasser zu halten.
Ich weiß, wo ich herkomme, und das werde ich auch nie vergessen. Ich weiß, wie es ist, wenn man sich überlegen muss, ob man zuerst Briefpapier oder Umschläge kauft, weil kein Geld da ist.

Kurz: Durststrecken wird es immer geben beim Geschäftsauf- und -ausbau. Wie man mit ihnen umgeht, steht bei 80/20 auf einem anderen Blatt.

Wenn Du startest, solltest Du Dir realistische Ziele setzen und nicht aufhören, an ihnen zu arbeiten, bis sie erreicht sind. Bei vielen scheitert das schon daran, dass sie nicht imstande sind, realistische Ziele zu formulieren. Das ist natürlich auch eine individuelle Sache.

Du musst Dir die Erfolgsfaktoren anschauen, die da heißen: Zeit, Resilienz, persönliches Umfeld. Und die Hard Skills.
Das bedeutet: In welchem Zeitfenster kannst Du welche Dinge erledigen? Resilienz: Wie stark perlen Probleme an Dir ab? Kannst Du sie ertragen und trotzdem weitermachen? Das persönliche Umfeld spielt eine riesengroße Rolle.
Die Hard Skills sind im Endeffekt: Kommunikationsfähigkeit, Kontaktfreudigkeit, Extrovertiertheit, Verkaufsfähigkeit. Der Bestand an persönlichen Kontakten ist ebenfalls relevant. Die Vorerfahrung im Business definitiv auch.

Nimm für jeden dieser Punkte eine Skala, um Deine Erfolgsaussichten zu visualisieren. Trag Deine Fähigkeiten ein und bewerte sie möglichst realistisch von eins bis zehn. Vielleicht holst Du Dir Expertise von Freunden und Familie oder Coaching und Beratung. Wenn Du fertig bist, hast Du es schwarz auf weiß. Du kannst Dir anhand der Quotienten ausrechnen, wie wahrscheinlich sich Dein persönlicher Erfolg einstellen wird und wie realistisch es ist, dass Du Deine Ziele erreichst.

Die Ziele sind bei Einsteigern im Network-Marketing oft viel zu hoch gesteckt. Ihre Erwartungshaltung ist meistens ziemlich übertrieben. Das spielt eine gewaltige Rolle.
Wenn ich beispielsweise ein extrovertierter Kontaktemacher bin, der sehr viel Vertriebserfahrung mitbringt, der über ein tolles Netzwerk verfügt, der verkaufen kann, sehr gut kommuniziert und gut, viel und gern mit anderen Menschen in Kontakt tritt, wenn ich eine Persönlichkeitsstruktur habe, die motiviert ist, und wenn ich schon erfolgreich bin, dann habe ich die besten Chancen zu bestehen. Denn dann habe ich den realistischen Blick und die Skills.
Wenn ich weniger oder nichts davon habe, wird es natürlich erheblich schwieriger, die richtigen Pfade und den richtigen Weg zu finden. Nicht unmöglich, aber hart. Mit Sicherheit ist dann externe Unterstützung erforderlich.

Kapitelfazit

So denkst Du als 80/20-Networker:
Network-Marketing ist eng mit dem Thema Sicherheit verbunden, denn es gibt keine. Aber gerade deswegen ist sie ein wichtiges Thema.
Wenn Du glaubst, dass Du im nächsten Monat schon Deinen ersten großen Scheck entgegennehmen kannst, bist Du sehr optimistisch – wahrscheinlich zu optimistisch.
Im Network neigen viele Einsteiger dazu, impulsiv zu handeln. Die Networker, die am lautesten nach Freiheit rufen, sind nicht selten getrieben. Getrieben, Dich ins System zu holen und auch andere reinzuholen. Hier ist häufig »mehr Schein als Sein« an der Tagesordnung. Zahlreiche Networker betreiben ihr Geschäft unter Druck.

So handelst Du als 80/20-Networker:
Schau Dir die Menschen an, die Dich akquirieren wollen, die Dich rekrutieren und gewinnen wollen. Guck Dir an, wie sie arbeiten und wie sie leben.
Lass Dich von ihrem Leasingwagen nicht blenden. Frag sie, ob Du sie im Office oder Homeoffice besuchen darfst. Damit bekommst Du ein realistisches Bild von der Freiheit, die Deine Upline proklamiert.
Betreib Dein Network-Marketing-Geschäft so, als ob es ein Hobby wäre – so wie Fußball, Tennis oder Golf.
Mehr noch: Räum Dir selbst auch eine Probezeit ein. Prüfe, ob das Business zu Dir passt.
Die meisten, die einsteigen, meinen, dass sie dabeibleiben. Als 80/20-Networker überlegst Du Dir, ob Du überhaupt dazupasst.

Und passt das Business zu Dir? Mit dieser Frage entspannst Du Deine persönliche Situation.
Bitte nicht falsch verstehen. Es geht nicht darum, Network selbst grundsätzlich infrage zu stellen. Sondern darum, Dein Leben sinnvoll zu nutzen. Dazu ist es wichtig, alles in Erwägung zu ziehen, was elementaren Einfluss auf eine positive oder negative Entscheidung hat.

Schritt für Schritt: So baust Du Dein Geschäft mit 80/20 auf

Wir erinnern uns. 80/20 bedeutet extreme Ungleichverteilung. In puncto Vermögen und damit auch in puncto Denken und Handeln.

Für Menschen aus der westlich geprägten Welt ist der Gedanke, erst einmal nichts zu tun – also nicht sofort zu handeln und stattdessen nachzudenken und erst dann das Richtige zu tun –, kontraintuitiv. Er widerspricht dem anerzogenen Verhaltensmuster der Impulsivität, der sofortigen Reaktion und der ständigen Sendebereitschaft.

80/20 bedeutet nicht, nie etwas zu tun. Sondern, wenn möglich, nur das Richtige zu tun. Auch im Network-Marketing.

Und so funktioniert es:

1. Zuallererst tust Du nichts.

Nichts, außer nachzudenken. Überleg, wo Du gerade stehst, wo genau Du hinmöchtest und wie die Schritte, die Du auf diesem Weg gehen musst, präzise aussehen.

2. Vergiss alles um Dich herum.

Lös Dich komplett von vorgefertigten Sichtweisen und betrachte Deine Situation aus unterschiedlichen Perspektiven. In die Analyse zu gehen ist das A und O. Setz Deine

»Realitätsbrille« auf und werd Dir selbst klar darüber, wer Du überhaupt bist und wieso Du im Network-Marketing angefangen hast oder anstrebst einzusteigen.
Was sind Deine Beweggründe? Was sind Deine eigenen Stärken und Schwächen? Wo gerätst Du an Deine Grenzen? Was frustriert Dich? Aber auch: Was motiviert Dich? Welchen Weg bist Du bis hierher gegangen, und was hat er Dir gebracht? Läuft es gut oder weniger gut? Was ist bisher in Deinem Geschäft passiert? Was in Deinem Leben? Daumen hoch oder Daumen runter?

Zusatzinfo:
Ich glaube, das Allerwichtigste ist, die grundsätzlichste aller Entscheidungen zu treffen. Nämlich die, niemals aufzugeben, bevor man dort ankommt, wo man hinmöchte. Egal wie schwierig das in einzelnen Momenten auch ist. Es geht immer weiter, wenn Du daran glaubst.
Und wenn es läuft, konsumiere Bücher. Lies vorbeugend Literatur, die Dich weiterbringt, die Dich mental stärkt. Beginn nicht erst damit, wenn Du schon am Abgrund stehst. Hol Dir kontinuierlich wertvolle Informationen und bring Dich immer auf den neuesten Stand, damit es für Dich vorangeht. Diese Vorbereitung, die Reduktion des Unwesentlichen zugunsten des Wesentlichen, steht für Dich ab sofort im Vordergrund.

Wenn Du Dich in der Analyse befindest, fordere Dich selbst heraus und frag Dich ehrlich: »Was mache ich denn innerhalb einer Woche für mein Business?« Geh in die Retrospektive und frag Dich: »Was ist in den vergangenen vier Wochen passiert? Womit habe ich meine Zeit verbracht?«
Sich das Ganze mal vor Augen zu führen und zu bewerten ist für viele erschreckend. Denn sie merken, dass sie eigentlich kaum produktiv waren. Und plötzlich wird klar, wieso sich ein schwaches Ergebnis ans nächste reiht.

Nun wäre es ein fataler Fail, so weiterzumachen. Es wäre aber auch ein Fehler, in Schockstarre zu verfallen. Was gebraucht wird, ist die Generalüberholung des Verhaltensmusters.
Nicht falsch verstehen: Wenig tun ist okay. Aber das Wenige, was Du tust, muss hundertprozentig auf den Punkt sein. Für mehr Fortschritt und bessere Ergebnisse.

3. Feiere die Erkenntnis.

Die Erfahrung zeigt, dass viele Menschen am Boden zerstört sind, wenn sie erkennen, wie schlecht sie bisher gearbeitet haben.
Aber Trauer oder negative Gefühle sind gar nicht notwendig. Denn mit dieser Erkenntnis sind sie längst wieder auf dem richtigen Weg. Sie haben einmal reflektiert. Sie können und sollten wieder reflektieren.

Eine wichtige Erkenntnis gewonnen zu haben ist unglaublich viel wert. An dieser Stelle sollte der Frohsinn den Frust ersetzen.

Zusatzinfo:
Dieses Wissen verdanke ich einem meiner Kunden. Er ist einer der erfolgreichsten Network-Marketer, die ich je kennengelernt habe. Er arbeitet mit vielen der erfolgreichsten Finanzdienstleister in ganz Europa zusammen und ist mittlerweile auch häufiger im Fernsehen zu sehen. Er berichtete mir von der Entwicklung der »unbewussten Inkompetenz« zur »unbewussten Kompetenz«.

Unbewusste Inkompetenz bedeutet: Ich weiß nicht, was ich nicht weiß und was ich nicht kann.
Nach umfangreicher Analyse der eigenen Situation sind die Leute einen Schritt weiter. Nun befinden sie sich auf dem Feld der »bewussten Inkompetenz«. Klingt vielleicht nicht so toll und etwas schroff, hilft aber auf dem Weg in ein erfülltes Leben.
Denn nun haben die Leute die Brille – oder, besser gesagt, die Realitätsbrille – auf. Die betroffenen Network-Marketer erkennen, dass sie schon viel zu lange dabei und ihre Bemühungen nicht oder nicht ausreichend von Erfolg gekrönt sind.

Das nächste Level ist die »bewusste Kompetenz«. Erreicht hat diese Stufe, wer weiß, was er kann, und einen klaren Plan hat. Er kennt die verschiedenen Elemente, die das Network braucht, um wachsen zu können.
Folgende Fragen können die »bewusst Kompetenten« beantworten: Was sind die verschiedenen Elemente, die ich 80/20 für mich umsetzen muss, um Ergebnisse zu produzieren? Und was sind die Dinge, die mich wirklich vorwärts bringen?

Wenn die Theorie in Maßnahmen umgesetzt wird, kontinuierlich, lange genug und intensiv genug, erreichst Du die höchste aller möglichen Stufen – die Stufe der absoluten Mühelosigkeit. Sie heißt »unbewusste Kompetenz«.
Auf diesem Level hast Du Deine Fähigkeiten und Skills so stark verinnerlicht, sie internalisiert, dass Du nicht mehr darüber nachdenken musst, was Du als Nächstes tust. So wie Du eine Treppe mit geschlossenen Augen hochsteigen kannst, so kletterst Du im Modus der »unbewussten Kompetenz« die Sprossen Deiner Karriereleiter empor.
Du bringst das Geschäft voran, kennst alle Tools, organisierst Deine Partner und Mitarbeiter richtig, bewertest die Dinge wie ein Profi, automatisierst Abläufe und stärkst mit dem, was Du machst, Deine Persönlichkeit.
Du weißt, dass jeder, der Dir erzählen will, wie easy Du über Nacht wohlhabend wirst, die Unwahrheit spricht. Du wirst

nicht über Nacht erfolgreich. Sondern innerhalb von zehn Jahren. Bei manchen dauert es länger, bei anderen geht es schneller.
Erzähl niemandem, wie einfach es ist, wenn Du es selbst noch nicht geschafft hast. Denn das wäre eine Lüge. Aber es ist – wenn man es einmal verstanden hat – einfach, erfolgreich zu werden. Das wirst Du im weiteren Verlauf noch lesen.

Noch ein Ausblick: Wenn Du trainierst und »unbewusst kompetent« wirst, dann schaffst Du viele Dinge mit spielender Leichtigkeit, die andere Leute nicht einmal mit der höchsten Anstrengung umsetzen können, weil sie eben ihre Persönlichkeit noch nicht so weit entwickelt haben.
Das sorgt im Network-Marketing für Konfliktpotenzial. Sei darauf gefasst, aber fürchte Dich nicht davor und lass Dich nicht bremsen.
Du bist nicht für die Schwächen anderer zuständig, sondern für Dein Leben und für das Deiner Lieben.

4. Organisiere Deine Gefühle.

Das ist ein wichtiger Punkt auf dem Weg nach oben. Es ist ein ganz klarer Erfolgsfaktor, sich selbst motivieren – und sich aus emotionalen Tiefs befreien zu können. Wenn Du nicht gut drauf bist – und von solchen Tagen gibt es immer

mal welche –, dann hör Musik, treib Sport, triff Dich mit Freunden und lass Dich positiv beeinflussen.
Auch das hat etwas mit Resilienz zu tun, und diese wiederum muss man aufbauen, um den Modus zu finden, in dem man sich schnell und einfach motivieren kann. Das ist wichtig. Denn fehlende Motivation und Kraftlosigkeit führen zu Antriebslosigkeit und Null-Ergebnissen im Leben. Damit gewinnst Du keine Partner. Damit gewinnst Du nicht einmal einen Blumentopf.

Was bringt Dich vorwärts? Alle erfolgreichen Menschen, die ich kenne, haben irgendeine Art von bewusstem oder unbewusstem Ritual, mit dem sie sich einschwingen. Jeder herausragende Sportler praktiziert normalerweise so etwas vor einem Spiel oder einem Turnier. Und das ist wichtig, weil das Ritual unseren Kopf richtig polen hilft. Denn wenn der Kopf in die falsche Richtung denkt, dann ist es für uns unmöglich, die richtigen Dinge zu tun.

Zusatzinfo:
Ich empfehle an dieser Stelle jedem Networker einen Persönlichkeitstest, um sich bewusst zu machen: Wer bin ich überhaupt und wie kann ich mich ungefähr einschätzen? Es geht darum, dass wir die Dinge tun, die uns leichtfallen, und nicht versuchen, irgendwelche Dinge zu tun, die uns

aufgezwungen werden oder, noch schlimmer, die wir uns selbst aufzwingen.
Die Aufgaben, die wir uns stellen, müssen zu uns passen. Denn nun geht es um die Anforderung, sich ums Network zu kümmern. Um es aufzubauen, frag Dich: Woher bekomme ich neue Kontakte? Woher kommen neue Leute?

Viele Wege führen nach Rom. Du musst den richtigen für Dich finden, um nach 80/20 zu arbeiten.
Ich selbst beispielsweise würde – weil ich es am besten kann – Online-Marketing machen. Auf diesem Gebiet habe ich mir besondere Fähigkeiten erworben und bin vielen, die ich kenne, voraus. Das heißt, ich habe mit Online-Marketing den größten Hebel und kann mit ihm Massen bewegen.

Ich gehe an anderer Stelle noch ein bisschen genauer auf das Thema Online-Marketing ein. Denn möglicherweise ist es auch für Dich ein interessantes Tool. Doch grundsätzlich ist es egal, mit welchem Medium Du neue Interessenten generierst. Jeder sucht nach dem für ihn passenden Werkzeug, um die richtigen Partner an Bord zu holen. Nicht mehr und nicht weniger. Wenn Du weißt, was Dir liegt, dann ist das der erste Step.
Wenn Du Bock auf Social Media hast, wenn Du Dich nicht von unsinnigen Videos ablenken lässt, dann nutze Social

Media – aber richtig. Betreu Deinen Instagram-Account, bau bei Facebook Gruppen auf oder logge Dich in bestehende Foren ein. Arbeite Dich proaktiv durch die Kanäle, um die perfekten Partner zu finden. Zieh aus der Community qualifizierte, hochwertige Leute raus.
Wenn Du der Social-Media-affine Mensch bist. Ich bin es nicht. Es interessiert mich einfach nicht. Und ich schäme mich auch nicht dafür, dass ich kein Social-Media-Meister bin. Das ist okay. Weil ich weiß, wo meine Stärken liegen, lasse ich alles andere weg.

Es gibt auch Leute, die weder Online-Marketing- noch Social-Media-affin sind.
Wer gut und gerne mit Menschen kann und das Eins-zu-eins-Gespräch bevorzugt, der spezialisiert sich natürlich auf Direktkontakte. Dann aber bitte konzentriert-fokussiert, vernünftig strukturiert und organisiert.
Sorg dafür, dass Du ständig mit neuen Leuten in Kontakt kommst.
Geh niemals allein essen. Geh jeden Tag essen und achte darauf, dass Du immer neue Leute kennenlernst. Komm mit dem Kellner ins Gespräch.
Und sieh zu, dass Du das Kontaktpotenzial aus Deinem Umfeld ausschöpfst. Lern die Kontakte Deiner Leute kennen und bau Dir offline ein Netzwerk auf.

Achte darauf, dass Dein Medium auch wirklich Dein Medium ist.
Ein Geschäftspartner hat sich lange mit seinem Online-Business abgeplackt. Er kennt irgendwie jeden und lernt auch schnell neue Leute kennen. Seit dreißig Jahren schon macht er mühelos Kontakte.
Irgendwann habe ich zu ihm gesagt: »Dass Du Online-Marketing machst, ist eigentlich der größte Humbug. Denn Deine beste Möglichkeit und größte Chance, im Internet extrem erfolgreich zu werden, besteht nicht darin, Dir eine eigene E-Mail-Liste aufzubauen und die ganze Technik dahinter zu lernen. Du brauchst einfach nur dafür zu sorgen, dass die Großen im Markt Dich promoten. Die müssen für Dich Werbung machen. Du kannst diese Leute kennenlernen, denn Du bist der Netzwerker. Du bist der Typ, der die Abschlüsse im Eins-zu-eins-Gespräch oder am Telefon macht.«
Gesagt, getan. Er hat meinen Rat befolgt und gestand, dass ihn die Technik ohnehin nervt. Er hat sich ein entsprechendes Netzwerk aufgebaut, spricht mit den Leuten, und die promoten ihn. Und zwar kräftig.
Ich habe gesehen, dass im letzten Jahr um die 25 erfolgreiche Leute ein Newsletter-Mailing mit seinem Angebot rumgeschickt haben. Und er hat kaum Ahnung von der Technik, hat nur die Basics aufgesetzt und ist trotzdem dadurch im Internet erfolgreich geworden.

Das soll Dir zeigen: Du musst Dein persönliches Medium finden. Denn bei den Networkern ist es genau das Gleiche: Fokussiere und konzentriere Dich auf das, was Dir persönlich am besten liegt.
Wenn Du versuchst, jemand zu sein, der Du nicht bist oder der Du nicht sein möchtest, wird es schiefgehen.
Find Deinen eigenen Weg oder hol Dir Mentorship dabei.

Du baust einen Kommunikationskanal auf, über den Du Deine Message an Deine Zielgruppe sendest. Ob online oder offline, ist vollkommen egal. Es muss zu Dir passen.
Ich kenne Leute, die sind supererfolgreich und haben nicht einmal ein internetfähiges Smartphone. Ich kann Dir von einem Mann erzählen, der ist Multimillionär und besitzt nicht einmal ein Handy. Ich kenne aber genauso Menschen, die fünf Monitore auf ihrem Schreibtisch stehen haben und auch supererfolgreich sind. Und schließlich kenne ich Leute, die sprechen nur eins zu eins mit anderen Menschen – und auch sie sind gut in dem, was sie tun, und können sich finanziell ganz bestimmt nicht beklagen.

Es kommt im Network-Marketing einzig und allein darauf an, dass das, was Du machst, in der passenden Menge und vor allem der passenden Qualität die Interessenten zu Dir bringt, die Du brauchst.

Und Du brauchst dabei vor allen Dingen Qualität und viel weniger Menge, als Du glaubst. Du brauchst Leute, die zu Dir passen. Damit erfüllst Du 80/20. Frag nicht: »Wie viele Kontakte mache ich?«, sondern frag: »Wo bekomme ich gute Kontakte her?«

Ich würde lieber drei Monate lang nach einem guten Kontakt suchen und diesen intensiv kennenlernen und einschreiben, als innerhalb von zwei Monaten tausend Nobodys hinterherzurennen.

5. Nach den Kontakten kommt das Sponsorgespräch!

Im Gespräch bzw. in der Geschäftspräsentation erhält die Zielperson Informationen darüber, was genau Du tust und welche Möglichkeiten sich für sie daraus ergeben. Du klopfst das Interesse ab, ob sie Lust hat, mit dabei zu sein, und versorgst sie mit dem notwendigen Wissen, damit sie eine qualifizierte oder halbwegs qualifizierte Entscheidung treffen kann.

Hier spielt die 80/20-Verteilung eine besonders große Rolle: Etwa 20 Prozent der Argumente für Dein Unternehmen, für Dich und für die Chance, die Du Deinem Interessenten bietest, sind in hohem Maße für seine Entscheidung ausschlaggebend.

Das sind immer die gleichen drei Elemente: Du, Deine Fähigkeiten und Dein Ziel. Deine Firma und die Produkte sind nachrangig.
Maximal 20 Prozent aller Argumente sind dafür verantwortlich, dass 80 Prozent der Leute einsteigen. Das heißt, Du brauchst nicht viele Argumente, sondern die richtigen, um die Leute zu überzeugen. Die wenigsten Network-Marketer sind sich dessen bewusst.

Der einfachste Weg, die richtigen Argumente zu finden, ist, im eigenen Team nach oben und nach unten zu fragen: »Was hat dich überzeugt einzusteigen? Was waren deine Argumente Nummer eins, zwei und drei? Und zwar bezogen auf die Person, auf deine Upline, in Bezug auf deine Firma und in Bezug auf Network-Marketing?«
Daraus kannst Du einen Fragenkatalog erstellen, der die perfekten Argumente liefert, die sich nutzen lassen.

Zusatzinfo:
Auch die Zielgruppe ist wichtig: Je konkreter Du sie definiert hast, desto besser ist das natürlich.
Man kann von Anfang an 80/20 sponsern und rekrutieren. Wenn das Team noch sehr klein ist, muss man für gewöhnlich persönlich mit den Leuten sprechen. Das heißt normalerweise am Telefon oder im Eins-zu-eins-Gespräch die

entscheidenden Fragen stellen und beobachten, was funktioniert. Diese Phase sollte jedoch nur von kurzer Dauer sein. Denn es muss schnell darum gehen, den Prozess zu multiplizieren und mit weniger Aufwand mehr rauszuholen: Das heißt, dass Du die Menge der Leute vergrößerst, mit denen Du kommunizierst – sprich, du machst Liveseminare, Liveveranstaltungen vor Ort, um nicht zwei Stunden mit einer einzigen Person zu sprechen, sondern einmal zwei Stunden zu reden und dabei zwanzig, dreißig, fünfzig, hundert Leute zu erreichen. Oder, je nach Affinität zum Thema, kannst Du das Ganze auch online abbilden – über Video und/oder Webinar.

An dieser Stelle sei schon mal vorgegriffen und gesagt: Wir 80/20-Networker besitzen die Eigenart, Hürden nicht zu verringern, sondern Barrieren für eine Zusammenarbeit zu errichten. Es geht um die natürliche Auslese derjenigen, mit denen wir arbeiten wollen. Wir wollen keine falschen Leute anziehen. Falsche Leute sind die, die nicht zu uns passen. Und die meisten Menschen sind leider nicht geeignet.

Worüber wir hier sprechen, kann in einigen Lesern erhebliche Widerstände auslösen. Ich möchte nochmals betonen, dass ich kein Misanthrop bin, der menschenverachtende Züge offenbart – ganz im Gegenteil. Es geht ums Matching.

Es geht darum, ob Du in Zukunft hundert Stunden die Woche arbeitest oder nur noch zehn. Die Vorqualifikation wirkt sich entscheidend auf Deine Network-Karriere aus.

6. Und nach dem Sponsorgespräch, der Partnergewinnung?

Ratlosigkeit in den Gesichtern von 80 Prozent der Network-Marketer! Denn hier ist meistens das Ende der Fahnenstange erreicht. Ab hier wird häufig aufgehört zu denken. Gut für die Firmen, die über die ständig zufließende Masse an neuen Partnern ihre Absätze stabil halten. Nachteilig für die einzelnen Individuen, die einzelnen Networker. Die wenigsten ahnen, dass mit dem reinen Einschreiben der kleinste Teil der Arbeit am Gesamtprozess getan ist, und hören an diesem Punkt auf. Sie haben keinen Plan für danach.

Und das ist fatal. Es liegt häufig auch daran, dass die Upline selten eine ordentliche Strategie hat, wie man vernünftig arbeitet.

An dieser Stelle geht es ums Onboarding. Kurz: Deine Aufgabe besteht darin, dafür zu sorgen, dass Deine Partner Geld verdienen.

Es gibt zahlreiche Argumente, warum Menschen im Network bleiben und erfolgreich werden oder wieder ausscheiden. Wenn Du Dich in Deiner Firma umhörst, bekommst

Du bestimmt 99 Gründe gesagt, wieso etwas nicht funktioniert. Aber es gibt in Wirklichkeit nur einen einzigen Grund, warum die Leute dabeibleiben oder wieder aussteigen. Und dieser Grund heißt: Erfolg – oder eben zu wenig Erfolg.
Zu wenig Erfolg bedeutet nichts anderes als: zu wenig oder gar kein Geld verdient.
Die einzige Aufgabe, auf die wir uns fokussieren müssen, ist also, dass unser Partner Geld verdient – und zwar so schnell wie möglich. Alles andere ist zu vernachlässigen.

Zusatzinfo:
Wenn ich Dir heute sage: »Hier sind 10 000 Euro«, dann bist Du höchstwahrscheinlich bereit, die Dinge umzusetzen, die ich Dir kommuniziere. Nicht wahr?
Die Leute scheiden nicht aus, weil sie mal einen schlechten Tag haben oder weil irgendetwas dazwischengekommen ist. Sie scheiden aus, weil kein Cash fließt.
Am Anfang geht es nicht darum, *wie viel* Geld fließt. Die neuen Partner müssen sehen, *dass* Geld fließt. Sie müssen sehen, dass das Versprechen, das Du ihnen machst, wenn Du sie einschreibst, auch eingelöst wird und funktioniert. Wie sollten sie denn anderen Leuten erzählen, dass es funktioniert, wenn sie es selbst nicht erleben?
Theoretisches Verständnis dafür ist am Anfang extrem wichtig. Und dann heißt es: Taten warten.

Der Bonusplan muss funktionieren. Das musst Du hinbekommen. Sorg dafür, dass Deine Leute so schnell wie möglich ans Geldverdienen kommen, alles andere ist wirklich sekundär: diese ganze Ausbildung und das Geblubber, Conventions hier und Conventions da. Unsinn. Zeitverschwendung. Wenn Deine Leute Geld verdienen, bleiben sie dabei – wenn Leute kein Geld verdienen, bleiben sie nicht dabei. So einfach ist das.

Natürlich kann hier und da auch mal einer gehen, der Geld verdient hat: weil er eine kranke Mutter hat, er zu sehr auf sein Umfeld hört oder seine Chefin ihm das verbietet – es gibt immer Ausnahmen.
Aber – und das ist Punkt Nummer eins: Die meisten Leute lügen sich selbst in die Tasche. Sie haben einfach keinen Plan, wie es funktioniert, wie das Onboarding abläuft.

Online-Marketer Alex Riedl hätte an dieser Stelle den folgenden Vorschlag: Alles automatisieren über E-Mail-Sequenzen, über Videos, die man aufnimmt, um an den Leuten dranzubleiben.

Die menschliche Komponente natürlich nicht vergessen! Aber 80 Prozent des Onboardings und der Ausbildung kann man automatisieren und in Gruppen stattfinden lassen.

Daher nur zu maximal 20 Prozent persönliche Präsenz zeigen und ausbildend unterstützen. Es sind Erfolgserlebnisse, die die Leute brauchen.

7. Last but not least: die Multiplikation.

Die zweite Bruchstelle! Viele Networker kommen nicht in die Multiplikation, weil sie zu langsam sind und keinen Plan haben. Und letztlich wissen sie auch nicht, wer die Multiplikatoren in ihrem Team sind.
Das ist wieder eine reine Analysefrage. Das heißt, wenn Du die richtigen Leute aufbaust, in die Tiefe arbeitest und dort nach den Leuten schaust, die wirklich Unterstützung verdienen, dann wirst Du sie finden.

Ein kleiner Tipp an dieser Stelle. Nimm die Umsatzliste zu Hilfe und halt Ausschau nach denjenigen, die am meisten produzieren: Umsatz oder Partner. Stell Dir aus ihnen Dein persönliches Top-Team zusammen und konzentriere Dich vollends auf eine Zusammenarbeit mit ihnen.

Kapitelfazit

So denkst Du als 80/20-Networker:
Network-Einsteigern erschließt sich folgende Weltansicht: Sei auf vielen Feiern und Conventions, sei irgendwie aktiv, sprich wahllos viele Leute an und begeistere sie fürs Geschäft. Der Network-Lifestyle wird nach außen so kommuniziert, dass Network-Marketing wie eine Riesenparty anmutet: die größten Autos, die größten Häuser, die größten Schecks. Der Erfolg steht immer im Vordergrund.
Aber: Tatsächlich solltest Du als 80/20-Networker davon ausgehen, dass Du nicht mehr bist als ein »Praktikant«. Stell Dir ein Unternehmen im klassischen Sinne vor. Wenn Du dieses Unternehmen in jungen Jahren zum ersten Mal betrittst, bist Du Praktikant. Du lernst. So ist es im Network auch. Allerdings ist die Zeit, in der Du lernst, bevor Du zum Ausbilder wirst, ausgesprochen knapp – beschränkt auf Wochen, manchmal auf nur ein paar Tage.
Als Nächstes wechselst Du aus der Praktikantenabteilung in die Sales- und Personalabteilung. Das bedeutet, Du hast in kürzester Zeit das nötige Wissen erworben und bist selbst Führungskraft. Das ist vielen gar nicht bewusst: Als Einsteiger im Network-Marketing überspringst Du einen großen Teil der Ausbildungs-Hierarchie, der im klassischen Angestelltenverhältnis Jahre dauert. Hier kommen Autodidakten zum Zug – Leute, die selbstmotiviert lernen und »studieren«, wie die Dinge funktionieren.

So handelst Du als 80/20-Networker:
Als Kopf das Team mit fähigen Leuten vergrößern, Wissen vermitteln, andere begeistern und dabei den Überblick behalten – mit diesem Mindset wirst Du Dich zum 80/20-Networker entwickeln.

Deine Strukturen vergrößern sich aber auch außerhalb des »Personalsektors«. Du wirst genauso über Finanzen und Controlling nachdenken müssen. Zwar betrittst Du kein Gebäude – jedoch wechselst Du virtuell von Abteilung zu Abteilung Deines Unternehmens, mit hoher Geschwindigkeit, ohne dass Dir jemand sagt, wie das geht. Deine Anforderungen sorgen dafür, dass Du die nächste Abteilung betrittst. Du definierst dort die »neuen Stellen« und überlegst Dir, was genau zu tun ist.

Erst einmal musst Du selbst verstehen, bevor Du anderen das Verständnis vermitteln kannst. Das macht niemand für Dich, und das erzählt Dir so auch niemand. Das, was Du vorhast, wird mit hoher Wahrscheinlichkeit nicht mit dem zusammenspielen, was Dir die Upline erzählt.

Also noch mal: Starte Deine Unternehmung als Praktikant – alles ansehen und verstehen, virtuelle Abteilungen definieren. Dann Leute suchen, die zu den virtuellen Abteilungen passen.

Du wirst immer Leute brauchen, die Ahnung von Finanzen haben, wenn Du sie nicht hast. Du wirst immer Leute brauchen, die geschult sind, Personal zu führen, wenn Du es nicht kannst. Aber Du holst die fähigen Köpfe ran.

Das machst Du im vollen Bewusstsein, ein 80/20-Networker zu sein. Denn Du verteilst die anfallenden Aufgaben auf fähige Köpfe, und das macht Dich zu einem kompetenten 80/20-Networker. Wenn Du 100 Prozent Anforderungen hast und mit 20 Prozent 80 Prozent erfüllst, dann legst Du die restlichen 80 Prozent auf Dein Team um, das die letzten 20 Prozent bewerkstelligt.

Von Löwen und der natürlichen Auslese nach 80/20

Löwen sind meine absoluten Lieblingstiere. Der König der Tiere motiviert mich am meisten. Ich habe das Gefühl, ich habe schon mein ganzes Leben einen Löwen an meinen Fuß gekettet. Er ist mein bester Freund ist und zugleich mein größter Feind. Er ist immer da.
Dann, wenn ich nachts mit Paranoia aufwache, was manchmal passiert. Wenn ich irgendwie das Gefühl habe, nicht vorangekommen zu sein. Er ist da, wenn ich Angst habe oder Bedenken und wenn ich mich frage, was mich eigentlich antreibt. Und genauso ist er da, wenn ich ambitioniert bin und vorwärts gehe. Er ist da, wenn ich morgens aufwache oder mit aller Energie daran arbeite, um Projekte durchzubringen.

Wenn man Löwen in freier Wildbahn beobachtet, sieht man, wie Selektion funktioniert. Die Regeln der Gattung Löwe, lateinisch übrigens Panthera leo, sind hart. Besonders die männlichen Löwen haben es nicht besonders leicht. Sie werden in ein Rudel geboren und nach zwei, drei Jahren mit Erreichen ihrer Geschlechtsreife vertrieben. Sie schließen sich mit anderen Männchen zusammen und streifen durch die Territorien anderer Löwen.

Irgendwann erkämpfen sie sich ihr eigenes Rudel, töten den Nachwuchs des bisherigen und nun vertriebenen Rudelführers und beherrschen den Clan, bis sie selbst vertrieben oder getötet werden. Das sind die natürlichen Regeln. Sie sind rau, aber klar.

Von diesem Selektions- bzw. Deselektionsprozess können Network-Marketer lernen, die den unbedingten Willen haben, erfolgreich zu werden. Versprochen, bei der beschriebenen Methode fließt kein Blut. Es fließen nicht einmal Tränen. Da sich nach dem 80/20-Prinzip die Zielgruppe selbst aussortiert.

Ich erkläre an dieser Stelle den Grundprozess der Selektion. Es geht in erster Linie um das Bewusstsein: Egal was wir tun, immer werden mehr Leute ablehnen als Ja sagen.

Ein Beispiel an dieser Stelle. Wenn ich mich mit einer Glasschüssel voller Hundert-Euro-Scheine in die Fußgängerzone stelle und die Passanten einlade zuzugreifen, dann werden wesentlich mehr Leute an mir vorbeigehen und den Kopf schütteln als zugreifen. Weil sie nicht glauben, dass sie auf diese einfache Art zu Geld kommen können. Sie sind konfrontiert mit einer Situation außerhalb ihrer Vorstellungskraft. Sie denken, ich betrüge sie oder es ist ein Trick. Es

fühlt sich falsch für sie an. Statt das Geld zu nehmen, sich zu bedanken und zu gehen, wird die Mehrzahl Vorbehalte haben.
Das bedeutet: Egal wie gut mein Angebot ist – es werden immer mehr Leute Nein sagen als Ja.

Das ist die Grundannahme, die wir vor Augen haben müssen. Und nun kommt der Punkt, den ich Dich lehren möchte – entgegen einer verbreiteten Ansicht im Network-Marketing. Denn mit 80/20 wirst Du Dir angewöhnen, künftig genau das zu tun, was ich gerade beschrieben habe. Du sagst ab jetzt zu wesentlich mehr Leuten aktiv Nein als Ja. Dadurch entwickelt sich – außer dass Du bessere Leute gewinnst – auch noch etwas anderes: Dein Selbstbewusstsein, Dein Selbstverständnis und eine persönliche Stärke.

Immer nur Ja zu sagen, ist für das gesamte Mindset einfach tödlich. Niemand sollte – mit Verlaub – der ewige »Bittstellertrottel« bleiben. So jemand kommt nie in die Situation, aktiv Nein sagen zu können. Dabei ist es so einfach: »Nein, nein, nein«.
Wenn ich bei einer Person ein unangenehmes, ein schlechtes Gefühl habe, schon am Anfang, und ich lehne sie nicht ab – dann wird sie mich wahrscheinlich sehr viel Kraft kosten. Will ich viel Kraft aufbringen? Nein.

Vielleicht wirst Du Leute, die Du persönlich sympathisch findest, ablehnen müssen, weil sie fachlich einfach nicht dazupassen. Das kann am Anfang wirklich wehtun, zeigt aber persönliche Stärke, spart Zeit und bewahrt die Kapazität für diejenigen, die richtig matchen.

Übe das, und Du wirst besser. Du wirst bessere Leute anziehen. Und umso bessere Leute Du anziehst, desto bessere Leute werden Deine Leute anziehen. Du bist kein Selbsthilfeverein, sondern willst 80/20-Networker sein. Arbeite dafür und leb danach.

Im Deselektionsprozess geht es nicht nur um die harten Fakten – »Sagt die Person Ja zu meinem Geschäftsmodell?« Sondern es geht um die Werte, die diese Person hat. Am besten arbeitet man mit Leuten zusammen, die die gleichen Werte teilen, die man selbst hat – somit kann sich eine Wertegemeinschaft bilden.
Sie ist wichtig. Haben wir gleiche Werte, passen wir gut zusammen. Haben wir keine gleichen Werte, passen wir eben nicht zusammen.
Es muss nicht immer hundertprozentig passen. Unterschiedliche Auffassungen erweitern das Blickfeld. Aber das Grundrauschen sollte in beide Richtungen deutlich spürbar sein.

Kapitelfazit

So denkst Du als 80/20-Networker:
Hier greift der 80/20-Gedanke das erste Mal wirklich elementar. Ein Vergleich: Der klassische Networker spricht alle Leute an und versucht wirklich jeden einzuschreiben, um die Macht der Zahl, also der Quote, zu erfüllen. Nach dem Motto: Wenn ich mengenmäßig richtig performe, dann wird die eine oder andere Perle schon mit dabei sein. Damit schaufelt der Verantwortliche sich ein Zeitgrab. Denn mit jeder Firstline, die er einschreibt, baut er sich exponentiell Druck auf.
Wenn sich 100 Erstlinien im Team befinden und in einem Monat nur jeder Zweite von ihnen eine Frage stellt, die per Mail in drei Minuten beantwortet werden kann, sind 150 Minuten futsch. Zweieinhalb Stunden, die meistens keine zweieinhalb Stunden bleiben. In diesem Bollwerk wird der klassische Networker zum Verteidiger seiner Zeit. Hier bleibt die Effizienz auf der Strecke.
Als 80/20-Networker achtest Du darauf, Deine Zeit sinnvoll einzusetzen und nach Qualität auszuwählen, statt nach Menge einzuschreiben.
Als 80/20-Networker hast Du verstanden: Deine Network-Marketing-Company möchte, dass Du möglichst viele neue Partner einschreibst, um mit ihnen Produkte abzusetzen. Es interessiert sie nicht, wie viel Arbeit Du in Deinen Prozessen dafür aufwendest. Du möchtest stattdessen Deine Zeit sparen und errichtest Strukturen, in die Du persönlich nicht so stark involviert bist, weil Du ein funktionierendes Team hast. Jeder gibt einen kleinen Teil seiner Kraft und Zeit in Eure Organisation, und somit schafft Ihr den größtmöglichen Hebel, um wirtschaftlichen Erfolg bei kleinstem Aufwand zu realisieren.

So handelst Du als 80/20-Networker:
Reise mit leichtem Gepäck. Statt Dir übermäßige Verantwortung aufzuladen und immer Mengen von Leuten anzusprechen, such nach den richtigen. Prüfe intensiv, ob sie Know-how mit einbringen, und nimm nur so viele mit, wie Du zeitlich verantworten kannst. Lieber fünf Top-Köpfe, mit denen Du im Austausch auf Augenhöhe stehst, als 50 oder 500 Leute, die Du betreuen musst. Schließlich bist Du als Networker eingestiegen, weil Du ein leichteres Leben haben möchtest. Also handle danach, um nicht zu straucheln.
Wenn es Dir zu viel wird, trenn Dich von Ballast. Bildlich gesprochen solltest Du nicht mehr tragen, als in Deine Hosentasche passt. Wenn Du Dir einen Seesack auflädst, dann wird er sich füllen, und Du ächzt unter der Last. Also gibt es nur eines: sich gedanklich davon fernhalten und lieber Nein als Ja sagen.
Vielleicht noch ein letztes Bild dazu: Der 80/20-Networker, der sich ein fähiges Team aufgebaut hat, besitzt starke Flügel. Er ist wie ein Adler, wie der König der Lüfte. Die Flügel befähigen den Adler zu schweben, zu gleiten, mühelos und ohne viel Energieverbrauch. Wer nicht imstande ist, sich sein Team und damit starke Flügel zu bauen, wird immer hastig unterwegs sein. Oder hast Du jemals einen Sperling am Himmel kreisen sehen, der mit ruhig ausgebreiteten Flügeln seine Kreise zog? Du entscheidest, ob Du schwebst oder flatterst.

Teil 3

ANWENDEN

Arbeite weniger,
verdiene mehr,
habe Spaß

Seitdem gestalten wir unser Leben so, dass es jeden Tag eine Freude ist. Und das ist mit 80/20 möglich.
Ich glaube, dass die meisten Menschen sich im Hinblick auf ihr Leben die falschen Fragen stellen. Ich kenne Leute, die haben alles gehabt oder haben alles und sind trotzdem unzufrieden und unglücklich.
Einer meiner Bekannten läuft und fliegt durch die Welt. Er kommt aus einer sehr wohlhabenden Familie und musste sich über Geld nie Gedanken machen. Trotzdem sucht er die ganze Zeit nach der Antwort auf die Frage, »wer er eigentlich ist«. Er besucht irgendwelche Schamanen, pilgert zu Klöstern und sucht und sucht und sucht.

»Wer bin ich?« Ich glaube, das ist die völlig falsche Frage – auch wenn so viele Menschen sie sich stellen. Die bessere Frage, zumindest nach meinem Verständnis, muss lauten: »Wer werde ich?« oder: »Wer möchte ich werden?«
Und: »Zu wem möchte ich mich entwickeln?«
Das bringt natürlich eine Menge Eigenverantwortung mit sich. Meine Einstellung dazu kennst Du ja bereits. Es gehört bei unserer Prägung Mut dazu, selbst Verantwortung zu übernehmen, um entscheiden zu können, wer wir sind und zu wem wir uns entwickeln. Erfolg und all diese Dinge spiegeln nichts wider als unsere Persönlichkeit und unsere Persönlichkeitsentwicklung.

Die meisten Menschen versuchen sich durch oberflächliche Kosmetik zu verändern.
Sie unterwerfen ihre Physis im Rahmen von Schönheitsbehandlungen dem Chirurgenmesser. Sie lassen sich ihr Gesicht richten oder ihre Brüste machen. Das alles, um zu mehr Selbstbewusstsein zu gelangen.
Doch während die äußere Veränderung fortschreitet, schreit das Herz vor Kummer. Viele dieser Patienten benötigen eher ein Facelift für die Seele.

Sich für Erfolg zu öffnen ist harte Arbeit und Training. Glaubenssätze müssen teilweise völlig neu überdacht werden. Gerade in Bezug auf 80/20 und mit Blick auf die Einstellung zum Geld, das ja auch im Network-Marketing eine wesentliche Rolle spielt.

Persönlich glaube ich, dass Geld das Wichtigste überhaupt ist. Aber es wird massiv überbewertet.
Irgendwann habe ich mir mal ausgerechnet, welche Summe ich bräuchte, um mich komplett zur Ruhe zu setzen. Aber tatsächlich würde das bedeuten, dass ich mich begrenzen müsste. Zur Ruhe setzen bedeutete in diesem Fall, ich würde darauf verzichten, meinem Hobby, meinem Business nachzugehen. Ich finde Jetski fahren super. Aber den ganzen Tag, das wäre mir einfach zu langweilig.

Auf jeden Fall gehört es zum Mindset eines jeden Networkers, konkret über Zahlen nachzudenken, sich eine Meinung zu bilden und einen Standpunkt zu beziehen, was Geld betrifft.
Was ist Deine Genug-Zahl? Ist es jemals genug? Hat man genug, wenn man genug Geld hat? Wenn man so viel Geld verdient, dass Geld einen nicht mehr interessiert? Ist das mit einer klassischen Zahl auszudrücken?
Geh in Dich und versuch Deine Antwort darauf zu finden.

Ich selbst glaube, die erste Zahl, die wichtigste im Leben eines jeden Menschen, ist die Summe, die ausreicht, um das eigene Leben zu finanzieren.
Die zweite Zahl ist die Summe, mit der man sich so viel finanzieren kann, dass man toll davon leben kann – sich alles leisten, was man grundsätzlich haben möchte und was man sich wünscht.
Die dritte Zahl ist in meiner Welt der Betrag, den man verdienen muss, damit Geld einen nicht mehr interessiert.

Und dann wird es noch einmal spannend. Die vierte Zahl ist die, die Dir dabei hilft, die Welt zu einem besseren Ort zu machen. Wenn Du diesen Betrag erreichst, kannst Du anderen Menschen mit Deinen Ressourcen dabei helfen, ihr Leben auf ein neues Level zu heben.

Ich habe mal einen passenden Satz dazu gehört: »Du kannst nicht den Armen dieser Welt helfen, wenn Du selbst einer von ihnen bist.«

Auf meinem Vision-Board ist unter anderem ein Flugzeug zu sehen. Ich stehe davor, den Pilotenschein zu machen. Ich möchte mich für NGOs (Nichtregierungsorganisationen) einsetzen und in Afrika helfen. Den Pilotenschein benötige ich, um selbst in die Camps zu fliegen und Medizin und Hilfsmittel zu liefern.
Auch aus diesem Grund möchte ich meine Unternehmerrolle erweitern und mit Wissen und Geld stärker ins Beteiligungsgeschäft einsteigen, um mehr Zeit für meine Herzensangelegenheiten zu haben. Ich strebe maximales Einkommen mit minimalem Aufwand an.

Passives Einkommen hingegen halte ich für die größte Lüge der Branche. Den Begriff »passives Einkommen« hat sich irgendwer ausgedacht, um die Leute hinters Licht zu führen. Passives Einkommen existiert einfach nicht. Es geht darum, sich mit minimalem Aufwand den Lebensstil zu finanzieren, den man sich vorstellt und der zu einem passt.
Passives Einkommen findet sich vielleicht noch bei den Glücksspiel-Millionären wieder oder bei den Millionenerben Großindustrieller.

Doch nur selten bleibt das Geld auch nachhaltig bei den Begünstigten. Viele sind nach kurzer Zeit wieder pleite, weil sie, obwohl sie über eine oder viele Millionen verfügen, keine waschechten Millionäre sind. Sie verbraten das Geld, weil sie nie gelernt haben, damit umzugehen.

Deswegen ist es auch viel besser, wenn Du das Geld selbst erarbeitet hast. Du weißt es zu schätzen, Du brauchst keine Angst zu haben, es zu verlieren, und vor allem verpulverst Du es nicht für Nonsens.

Vielleicht noch einmal aus philosophischer Sicht: Dein Business ist ein Organismus. Auch und vor allem für Dich als Network-Marketer geht es darum, zu verstehen, wie die Welt funktioniert.
Wenn Du Dir die Evolution anschaust, dann siehst Du, dass über Jahrmillionen die Natur ständig neue Variationen hervorbrachte. Diese Variationen sind Teile und Ergebnisse von Testphasen.
Wir Menschen haben aktuell die höchste Entwicklungsstufe erreicht, die es bis heute jemals gegeben hat. Das Gleiche gilt aber auch für den Regenwurm draußen im Boden. Er ist der beste Regenwurm, den die Natur bis heute hervorgebracht hat – innerhalb dieser ganzen Variationen. Viele Tests in der Natur scheitern. Spezies kommen und gehen wieder.

Und genauso ist es auch im Business. Wer viel testet, kann immer mal wieder scheitern. Doch wer sich auf dem falschen Weg befindet und die Richtung bewusst oder unbewusst nicht ändert, wird definitiv scheitern.
Vieles auszuprobieren ist die Aufgabe eines jeden Networkers – und zwar so lange, bis die Dinge funktionieren, bis das Geschäft läuft und bis das Geld fließt.
Damit machst Du, was die Natur schon seit Jahrmillionen tut: Du entwickelst Dich weiter. Es braucht niemanden zu frustrieren, wenn irgendwas nicht klappt, weil es einfach ein Teil des ganzen Prozesses ist. Analysieren, verinnerlichen, wieder analysieren, umsetzen und an die eigenen Leute weitergeben. Auch sie Fehler machen lassen. Das sind die Abläufe, die zwangsweise den Erfolg mitbringen. Alternativen ausprobieren, aktiv bleiben und nicht aufgeben.

Ich bin mit Sicherheit nicht der erfolgreichste Mensch der Erde. Aber dennoch bin ich erfolgreich und dazu sehr glücklich und zufrieden. Es hat stets eine konstante Entwicklung bei mir stattgefunden. Ich habe mich persönlich verändert, und ich habe stets die Chance genutzt, mehr daraus zu machen und mich weiterzuentwickeln.
Durch das Wissen um die extreme Ungleichverteilung von 80/20 streiche ich heute vieles, was mich unter normalen Umständen davon abhalten würde, das Richtige zu tun.

Kapitelfazit

So denkst Du als 80/20-Networker:
Geld ist nichts anderes als Treibstoff. Viele Networker sprechen von Freiheit. Aber haben sie diese Freiheit ausreichend definiert? Wie viel ist erforderlich, um ein Leben in finanzieller Freiheit leben zu können? »Viel« oder »mehr« sind keine Zahlen. Es sollten konkrete Zahlen sein, die Du in Deinem Businessplan und damit in Deinem Mindset verankerst, um solide an der Zielverwirklichung arbeiten zu können.

So handelst Du als 80/20-Networker:
Wisse, was Du mit Deinem Geld machst, wie Du es einsetzt. Oder anders: Welche Kosten musst Du bedienen? Für Miete, Auto, Versicherung, Lebensmittel und so weiter?
Daraus ergibt sich eine Zahl, zu der Du die nötigen Rücklagen addierst und natürlich auch die Steuer, die Du zahlen musst. Und die Summe, die dabei herauskommt, ist Deine Magic Number. Der Betrag, den Du bei all Deinen Aktivitäten im Kopf hast.

Wie untersucht man auf 80/20 und wie wendet man das Wissen an?

Man sagt: »Common sense is not very common.« Doch gibt es für Networker ein zuverlässiges Instrument, um 80/20 zu identifizieren. Es heißt gesunder Menschenverstand.

Verabschiede Dich aus der glamourösen Scheinwelt, setz die rosarote Brille ab und stell die »Best-Friends-Mentalität« einen Moment auf still. Schick Deinen Geist hoch hinauf in die Luft, lass ihn oben kreisen und sieh Dir Dein Leben aus der Vogelperspektive an.

80/20 bedeutet, das Ergebnis mit den Mitteln zu vergleichen, mit denen Du es zustande gebracht hast. Passen Input und Output zusammen?

Natürlich kommt es bei dieser Frage auch darauf an, in welchen Lebensbereichen man 80/20 anwendet und wie konsequent.
Ich beispielsweise koche sehr gern. Sonntags stehe ich in der Küche und mache Eggs Benedict. Ich bereite alles selbst zu: die Sauce hollandaise, englische Muffins für mich mit Speck und Schinken drauf, für meine Liebste die vegetarische Version. Ich frage sie, ob sie Pilze bevorzugt oder lieber

Babyblattspinat möchte. Ich stehe so lange in der Küche, wie es eben dauert. Ich mache das gern.

Das weiß auch einer meiner Freunde. Neulich sandte er mir einen Link zu einem Multifunktionsgerät, mit dessen Hilfe man dieses oder ähnliche Gerichte einfacher und in deutlich kürzerer Zeit zubereiten kann.
Die Idee amüsierte mich. In der Küche spielt 80/20 für mich keine Rolle. Es macht mir einfach Spaß. Mein Freund denkt Essen in 80/20. Ich nicht.

Abgesehen vom gesunden Menschenverstand sind auch Notizbücher und Excel-Tabellen gute Hilfsmittel, um 80/20 auf Kurs zu bringen. Hier notiert man sich die eigenen Gedanken. Zudem sind – das hatte ich bereits erwähnt – Umsatzlisten hilfreiche Tools, um in der Tiefe nach den richtigen Leuten zu suchen.

Wenn man sich seine Umsatzliste anschaut, wird man möglicherweise feststellen, dass das Schema gar nicht 80/20 entspricht, sondern eine noch stärkere Ungleichverteilung vorliegt: 90/10, 95/5 oder 99/1.
Dennoch sollte 80/20 immer die Grundannahme, ein Richtwert sein. Danach kann man im Leben alles optimieren, was optimierungsbedürftig ist.

Wenn Deine Downline Dir eine Mail sendet, die Dir überflüssig erscheint, oder wenn sie eine Herausforderung hat und Dich wegen möglicher Lösungen nervt – dann heißt es für Dich nicht einfach blind beantworten und auf die nächste Meldung warten.
Überleg, wie Du dazu beitragen kannst, dass diese Frage nie wieder an Dich gestellt wird. Und zwar von niemandem.
Vielleicht lässt sich aus der Herausforderung ein Thema für einen Newsletter machen oder gar ein automatisiertes Webinar.

Es geht nicht darum, sich vor der Beantwortung zu drücken. Sondern qualitativ hochwertige Antworten in die Umlaufbahn Deines Wirkungskreises zu bringen, die sich jeder eigenständig abholen kann.
Dein Anspruch sollte also lauten, dass keiner der Partner jemals wieder in die Situation kommt, diese Frage überhaupt stellen zu müssen. Das Prinzip dahinter: Einmal Zeit investieren, um es in Zukunft diesbezüglich nie wieder zu tun.

Ein verwandtes Thema ist die Qualität Deiner Partner. Es gibt diejenigen, die fragen, weil sie lernen wollen. Und die, die fragen, weil sie keine Lust haben nachzudenken. Es gibt die, die den meisten Umsatz klopfen, und die, die auf der Performance-Liste das Schlusslicht bilden.

Letztere sind nicht selten auch diejenigen, die sich querstellen und Ärger machen.
Wenn Du nach 80/20 selektierst, sollte Dir mit der Zeit idealerweise niemand mehr von diesen Querulanten begegnen. Wenn Du völlig neu beginnst, 80/20 zu denken, ist es ratsam, die Störenfriede zu isolieren. Diejenigen, die am meisten Umsatz machen, und die, die für den größten Ärger sorgen, sind nie dieselben. Ausnahmen bestätigen die Regel. 80/20 ist ein elitäres System.

Manchmal macht es auch Sinn zurückzufragen: »Was schlägst du vor, wie könntest du vorgehen, wie können wir das lösen?«
Nicht selten schlummert im Unterbewusstsein der Downline schon die Lösung. Gerade am Anfang sind aber oft einige Impulse nötig, um sie ins Denken zu bringen und sie darin zu bestärken, auf Herz und Verstand zu hören und das Richtige zu tun.

Kapitelfazit

So denkst Du als 80/20-Networker:
Grundsätzlich ist 80/20 auf alle Lebensbereiche anwendbar. Praktisch ist es aber nicht immer umsetzbar, weil das Effizienzdenken mit sozialen Normen oder auch den eigenen Wünschen oder Intentionen kollidieren kann, wie Du am Beispiel mit dem Kochen gesehen hast.

So handelst Du als 80/20-Networker:
Du solltest die Einsatzgebiete von 80/20 für Dich selbst definieren. Den einen Königsweg gibt es nicht.
Jeder Networker, jeder Mensch sollte überlegen, was sinnvoll ist und in welchen Bereichen 80/20 hintenüberfallen darf. Es macht keinen Sinn, konsequent den kürzesten Weg zu gehen – ohne Rücksicht auf Verluste. Kopf einschalten.

Zusammenfassung zwischendrin: 80/20 und Network-Marketing

Wo stehen wir gerade mit den Erkenntnissen um 80/20 in Bezug auf Network-Marketing? Ich fasse kurz und knapp für Dich zusammen.

Ich würde mich auf die Tätigkeiten konzentrieren, die wichtig sind, und außerdem nur mit den besten Leuten sprechen, also mit den Leuten, die wirklich Umsatz machen. Ich würde vor allen Dingen viel mehr Leute schon ganz am Anfang, im Recruiting-Prozess, abwählen. Bei der Partnergewinnung würde ich sehr selektiv vorgehen und mit Argusaugen darauf schauen, wen ich in mein Team hole. Denn damit entscheide ich über Genuss oder Frust in den kommenden Wochen, Monaten und Jahren.

Deswegen würde ich Prozesse aufbauen, die garantieren, dass nur die besten Leute zu mir durchkommen.
Das sehe ich gerade bei Einsteigern als die größte Herausforderung an. Und es ist auch das größte Problem der Branche, dass jeder ins Network-Marketing reingeholt wird.
Der Deselektionsprozess findet bei den meisten zu spät statt. Er sollte ganz am Anfang stehen. Die Person darf nicht einsteigen, wenn sie keinen Bock hat. Sie muss sich selbst ab-

wählen durch Nichtreagieren. Jemanden mit falschen Versprechungen reinholen bedeutet für den Verantwortlichen, dass er sich sprichwörtlich ins Knie schießt.
Denn wieso solltest Du künftig Zeit mit Menschen verbringen, die nicht geeignet sind, keine Lust haben – oder noch schlimmer, die Du nicht magst?
Sende Signale und schau, wer reagiert. Verstärke die Signale, und Du wirst die Richtigen finden – Menschen, die Deine Werte teilen.

Ich möchte nur mit Topleuten arbeiten, weil ich weiß, dass nur Topleute geeignet sind, um mit wenig Aufwand viel Ertrag zu bringen. Deshalb suche ich auch im Einstellungsprozess nur nach A-Playern. Ich will ausnahmslos sonst niemand anderen haben. A-Player sind die, die sich reinknien, die eigenverantwortlich Dinge nach vorn bringen, mitdenken und arbeiten.
Ich bemühe mich auch nur bis zu einem gewissen Grad, um an die Profis heranzukommen. Die meisten von ihnen wissen, was sie können. Ihre Forderungen fallen dementsprechend auch mal höher aus.
Doch genau sie brauchen wir: A-Player. Wenn wir mit C-Playern anfangen, ziehen diese D-, E- und F-Player hinter sich her. Und das bringt nur einen Berg Arbeit ohne nennenswerte Ergebnisse mit sich. Also gestrichen.

Diese A-Player sollten möglichst viele Persönlichkeitsmerkmale mitbringen, die uns mit ihnen verbinden, und in irgendeiner Form sollten sie in ihrer aktuellen Situation unzufrieden sein. Sind sie stattdessen gesättigt und glücklich, werden sie nicht offen sein für unsere Signale.

Ich würde weiterhin nur die Dinge tun, die meiner Persönlichkeit und meinen Fähigkeiten am meisten entsprechen. Ich würde nur die Leute unterstützen, die es verdienen, und nicht die, die es brauchen. Ich würde mein Team und meine Verkäufe komplett nach 80/20 analysieren von Anfang an. Ich würde so viele Prozesse wie nur irgendwie möglich mit den modernen Medien automatisieren, organisieren und zeitlich vereinfachen. Ich würde das Internet nutzen, um den maximalen Hebel anzusetzen.

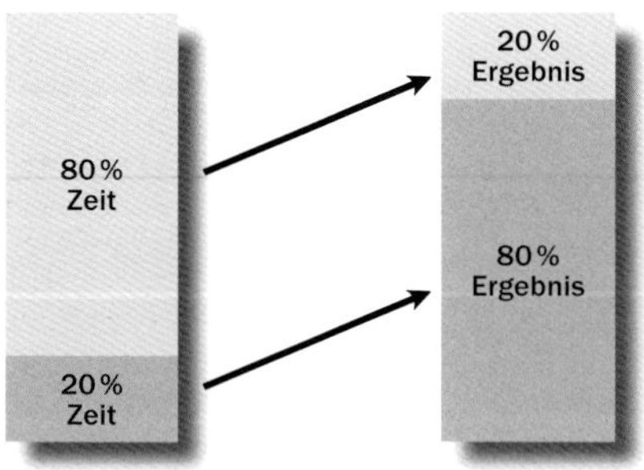

Es geht bei 80/20 auch um Deine Zeit – Deine wertvolle Arbeits- und Lebenszeit!

Erkenntnisreise durch Afrika: Danke, Richard Koch

Mein Traveller-Herz schlägt für Asien und Afrika. Asien mag ich, weil es mich da einfach hinverschlagen hat und weil ich den Kulturkreis interessant finde. Ich gehe davon aus, dass dort in Zukunft sehr viel passieren wird, was die Entwicklung der ganzen Menschheit betrifft.
Und Afrika interessiert mich, weil ich den Kontinent bereist habe und er mich in seinen Bann zieht. Er fasziniert mich.

Ich liebe Südafrika und Kapstadt. Wenn ich in Kapstadt bin, kann ich morgens entscheiden, ob ich innerhalb von fünfzehn Minuten an einem wunderschönen Strand sein möchte oder ob ich in den Winelands in ein tolles Restaurant einkehre. Ich überwintere in Kapstadt, um meiner Heimat Deutschland und der kalten Jahreszeit in München zu entkommen. Ich mag die Menschen im Süden sehr gern. Die Stadt erdet mich, weil sie schön ist und zugleich extreme Schattenseiten hat, die mir immer wieder vor Augen führen, wie gut es uns in Deutschland geht.

Afrika ist für mich auch untrennbar mit dem 80/20-Prinzip verbunden und mit einem Namen: Richard Koch. In Kapstadt traf ich den Mann, der mich durch seine Bücher

in die 80/20-Denkweise einführte, mich inspirierte und es bis heute tut. Nachdem ich sämtliche Publikationen von Richard verschlungen hatte, schrieb ich ihm eine E-Mail.
Ich setzte mich hin und schrieb die Dinge zusammen, die ich verstanden hatte. Dazu kamen einige neue, eigene Ideen, die auf seinen Gedanken aufbauten.

Meine Mail versandte ich unter dem Betreff: »Ist das eine 80/20-Idee für Dich?« Ich interessierte mich für Mentorship und war bereit, das Wissen, über das ich verfügte, mit ihm zu teilen.

Wenige Wochen später saß ich mit ihm auf seinem Anwesen, ein Glas guten Wein in der Hand. Wir tauschten uns aus. Oder sagen wir besser, er unterrichtete mich, das trifft es wohl eher.
Vielleicht macht es Sinn, an dieser Stelle zu erwähnen, dass Richard Koch über ein Vermögen von über 800 Millionen Euro verfügt.

Auf meine Mail hin hatte er mich zu sich eingeladen. Richard verbringt den Winter gern in Kapstadt, so wie ich auch.
Seine Antwort-Mail hatte mich überrascht. Selbstverständlich hatte ich auf eine Antwort gehofft, doch wirklich gerechnet hatte ich nicht damit.

Genauso überraschend war für mich unsere erste Begegnung. Ein Mann, sehr leger gekleidet und mit Korklatschen, begrüßte mich freundlich. Ich erblickte keine Luxuslimousine, als sich das Garagentor öffnete. Dort stand ein Smart. Keine Spur von Prunk und Überfluss. Richard Koch hat kein Smartphone. Er hat nicht einmal ein Handy.
Er arbeitet täglich zwei oder drei Stunden, wenn ihm danach ist. Aber eigentlich spielt die Arbeit aus finanzieller Sicht keine Rolle mehr für ihn. Er hat Paretos Erbe angetreten und 80/20 perfektioniert.

Diese erste Begegnung mit Richard Koch sollte nicht die letzte sein.
Das zeigt, dass zur richtigen Zeit die richtige Person in Dein Leben tritt, wenn Du offen dafür bist. Ob Du surfen lernen oder Weltveränderer treffen möchtest – Du wirst Dein Ziel erreichen, wenn Du danach verlangst und entsprechend handelst.

Ich war damals an einem Punkt in meinem Leben angekommen, an dem ich offen für neue Dinge war, für Veränderung. Ich hatte bereits einige nennenswerte Erfolge erzielt, ich verdiente Geld und war als Unternehmer durchaus erfolgreich. Und doch fühlte es sich an wie eine Wachstumsbremse, ähnlich wie Kraftsportler sie vom Muskelaufbau kennen.

Irgendwann kommt ohne Ergänzungsmittel nichts mehr hinzu.
Ich wollte mehr. Ich wollte wissen, wie ich das Spiel – mein Spiel – auf eine neue Ebene heben könnte. Ich wollte meinen Erfolg skalieren, mehr Lebensqualität erfahren. Ich fragte mich, wie ich positive Veränderungen herbeiführen könnte. Nicht nur für mich, sondern auch für meine Kunden. Ich wollte erfahren, wie ich die Welt verändern, verbessern kann.

Und hier hat die 80/20-Idee viel für mich getan. Ich arbeite heute weniger und verdiene dafür wesentlich mehr Geld als früher. Ich verwirkliche Dinge, von denen ich nie gedacht hätte, dass ich einmal die Zeit dafür haben würde.

Es gilt einen Preis zu bezahlen für das Ganze, aber es lohnt sich enorm. Erwarte mehr Einkommen, mehr Spaß und weniger Stress. Erwarte weniger Arbeit, bessere Partner und ein schnell wachsendes Geschäft. Glaub daran, dass Du die Spitze des Marketingplans mit überschaubarem Aufwand, mit wenig harter Arbeit erklimmen kannst und dass alles in Deinem Leben plötzlich viel leichter, schneller und eleganter von der Hand geht als jemals zuvor.
Und wenn Du mit der 80/20-Optimierung fertig bist, dann fängst Du wieder von vorn an. Denn auch in 80/20 steckt

80/20. Wenn sich Dein Business und Dein Leben spürbar verbessert haben, dreh weiter an den Stellschrauben. Die Optimierung findet kein Ende, auch wenn sie zum Ende hin eher zur Feinjustierung wird. Die wirklich großen Veränderungen finden immer am Anfang bei der Neuausrichtung statt.

Letztendlich muss jeder selbst entscheiden, wie viel oder wie wenig er oder sie tut.
Richard Koch hat weder Interesse noch Handlungsbedarf, Unnötiges oder Uninteressantes zu tun. Seit dreißig Jahren lebt und lehrt er 80/20. Dieser Mann, mein Mentor, verdient pro Tag mit seinen Investments und allem, was damit verbunden ist, etwa eine halbe Million Euro. Am liebsten schreibt er Bücher, teilt sein Wissen mit der Welt und genießt sein Leben. An vielen Tagen arbeitet er gar nicht.
Fantastische Ergebnisse erzielen – aus einer solch privilegierten Position heraus. Welcher Networker träumt nicht davon?

Viele Kollegen wollen genau dorthin kommen, wollen große Schecks abräumen, ohne dafür Woche für Woche sechzig, siebzig, achtzig Stunden schuften zu müssen.
Es ist möglich, ein Team aufzubauen, das die ganze Arbeit verrichtet. Wenn Du die Gesetzmäßigkeiten verstehst und

akzeptierst, nach ihnen handelst und lebst, dann wird der Erfolg nicht lange auf sich warten lassen.
80/20 findet sich überall in Deinem Leben. Doch Du kannst es nur nutzen, wenn Du es durch Analyse entdeckst. Irgendwann wird Dir 80/20 sehr häufig begegnen, Deine Situation wird sich durch Dein Handeln verbessern.
Starte Dein Radar, hinterfrag, was Du besser machen kannst in Deinem Leben und in Deinem eigenen Business. Find den 80/20-Hebel und betätige ihn. Erwarte 80/20-Ergebnisse, erwarte herausragende Ergebnisse.

Setz viel weniger ein und genieß die Motivation, die aus der Erkenntnis kommt, dass die beschriebene Methode auch bei Dir Wirkung entfaltet.
Übertrag diese Idee in Dein Team, informiere Deine Topleute, zeig ihnen, wie es funktioniert, oder gib ihnen dieses Buch in die Hand, damit auch sie lesen und verstehen. Damit Deine Partner, Deine Leute, Deine eigenen 80/20-Networker wesentlich mehr aus ihren Möglichkeiten rausholen als jemals zuvor.

Kapitelfazit

So denkst Du als 80/20-Networker:
Anderthalb Jahrhunderte nachdem Vilfredo Pareto die extreme Ungleichverteilung entdeckt und publiziert hat, gibt es einen Mann, der vollends nach diesem Prinzip lebt und damit Multimillionär geworden ist. Richard Koch hat 80/20 verstanden.

So handelst Du als 80/20-Networker:
Handle nach 80/20. Beschäftige Dich intensiv mit dem Thema, lies die Bücher von Richard Koch, die sich weiterführend mit der Materie beschäftigen. Hol Dir Mentorship von 80/20-Experten.

Fallbeispiel: Wie Du als 80/20-Networker Verkäufe durch die Decke treibst

Network-Marketing bedeutet: rund um die Uhr verkaufen. Auch das Sponsern und Rekrutieren ist ein Verkaufsprozess. Ich verkaufe entweder ein Produkt oder eine Dienstleistung – die Einführung in die Infrastruktur des Network-Marketings und die damit verbundene geschäftliche Möglichkeit oder Gelegenheit.

Sowohl beim Produktverkauf als auch beim Sponsorgespräch gelten die gleichen Regeln.
In einigen Companys wird der Verkaufsprozess kleingeredet. Damit soll die Furcht vorm Verkaufen gemindert werden. Doch das ist nur Augenwischerei. Jeder, der eine Idee verkauft, eine Geschäftsgelegenheit oder ein Produkt, betreibt Verkauf. Punktum.

Um die Produktverkäufe durch die Decke zu treiben, kümmerst Du Dich zunächst einmal nicht um die Produkte, sondern um den Aufbau Deines Teams.
Egal ob Du im Finanzsektor unterwegs bist oder Nahrungsergänzungsmittel (mit-)vermarktest: Nach 80/20 zu arbeiten bedeutet, in der Haltung kurzzeitig Distanz zu Firma und Produkt aufzubauen.

Es geht nie primär um das Produkt, es geht primär immer erst einmal um die Partner.
Das Produkt ist gelinde gesagt egal, es ist das reine Mittel zum Zweck. Wir richten den Fokus nicht darauf. Entscheidend ist nur, dass es durch das Distributionssystem Network-Marketing verkauft wird.
Das heißt aber nicht, dass das Produkt zu vernachlässigen wäre. Es muss richtig gut sein und der Zielgruppe nützen.

Für den Geschäftsaufbau verkaufen wir Ideen, Rechenbeispiele, wir knüpfen Beziehungen und geben den Menschen die Vision. Unser Ziel ist die Multiplikation von Partnern. Je größer das Netzwerk – immer eine ausgesprochen hohe Qualität der Partner vorausgesetzt –, desto besser die Performance. Wir sind die Zelle im System, die sich teilt. Daraus baut sich unser Network-Körper, unser Team, unsere Organisation auf.

Wenn wir einen Online-Prozess definieren möchten, dann definieren wir zunächst die Zielgruppe. Nicht verwechseln: Nicht alle Menschen, die motiviert sind, gehören zur Zielgruppe. Sie bringen gute Voraussetzungen mit. Doch es geht weiter.
Wen will ich wirklich als Partner haben? Wer bringt die Fähigkeiten mit? Wer kommt aus einer ähnlichen Situation

wie ich? Was sind seine Beweggründe und was sein ursprünglicher Beruf? Lassen sich vorhandene Skills nutzen? Identifizieren sich die Leute mit meinen Werten?

Im zweiten Schritt beziehen wir das Produkt wieder in unsere Betrachtung mit ein. Wir fragen: Welche Zielgruppe hat eine hohe Affinität zum Produkt?

Beim Thema Nahrungsergänzung würde ich fragen: Wer hat grundsätzlich eine hohe Affinität zum Thema Nahrungsergänzung? Und für wen kann ich was tun?
Meine primäre Zielgruppe wären z. B. alle Leute, die in irgendeiner Form etwas mit Ernährung, Sport und Sportausbildung zu tun haben. Sie würde ich ansprechen. Das heißt: Personal Trainer, Trainer in Fitnessstudios, Ernährungsberater. Letztendlich die Leute, die tendenziell in Berufen gewissermaßen festhängen.
Der Personal Trainer noch mehr als der Ernährungsberater. Der Personal Trainer verdient in der Regel wenig Geld – das hat er mit dem Ernährungsberater gemeinsam. Die Fitnesstrainer wissen aber, dass sie den Job nicht bis ins hohe Alter machen können. Irgendwann brauchen sie eine Alternative. Sie sind meistens top ausgebildet im Thema Fitness, aber nicht selten haben sie darüber hinaus recht wenig an weiterer Ausbildung vorzuweisen.

Sie buckeln sich im Studio den Rücken krumm für ein relativ niedriges Einkommen. Klar, die Einstiegshürde ist gering. Viele können und wollen den Job machen.

Ähnlich sieht es beim Ernährungsberater aus. Tolle Ausbildung, relativ wenig Kunden, aufgrund persönlicher Strukturen. Nicht selten sind die Ernährungsberater als One-Man-Show unterwegs und können sich dabei nur knapp über Wasser halten. Sie sind in der Regel offen für Alternativen.

Und deswegen haben wir hier eine tolle Zielgruppe im Visier. Ich würde mit Personal Trainern starten. Theoretisch könnte ich auch in die Breite gehen und Sportler targeten. Doch mit 80/20 wähle ich Qualität, und die heißt Ausbilder.

Nun bereite ich eine Nutzen-Kommunikation vor. Dazu nehme ich mich zurück. Es geht nicht um mich, sondern um meine Zielgruppe. Heißt: Ich bin egal. Mein Produkt ist egal. Meine Chance ist egal.
Das Einzige, was zählt, ist: Welchen Nutzen bringe ich der Zielgruppe?

»What's in it for me?«: Die abgegriffenste und trotzdem wichtigste Frage aller Zeiten im Network-Marketing. Und die muss ich eindeutig und klar beantworten.

»Ich zeige Personal Trainern, wie sie mit ihren Fähigkeiten und minimalem Aufwand viel mehr Geld verdienen und sich so zeitlich und finanziell frei machen können«, um es progressiv auszudrücken.
Wenn es mir gelingt, den Nutzen für meine Zielgruppe klar zu kommunizieren, auch an die Ernährungsberater, dann wissen meine potenziellen Interessenten: Hier ergibt sich die Chance auf ein attraktives Zusatzeinkommen. Und damit bin ich im Spiel.

Das bedeutet, ich hole die Leute über ein Medium meiner Wahl ran und spreche sie mit der Nutzen-Kommunikation an. Ob die Ansprache über Facebook-Anzeigen erfolgt, über Zeitungsannoncen oder Flyer, ist reine Geschmackssache.

Und dann kann ich die Leute verarbeiten. Im Online-Prozess ist es so, dass ich dafür ein Video habe, eine E-Mail oder ein Webinar. Am besten alles im Mix, um verschiedene Medien miteinander zu kombinieren.
Wenn ich die Leute auf ein Webinar hole, dann ist das nichts anderes als eine Geschäftspräsentation. In den meisten Fällen verwende ich ein automatisiertes Webinar. Dafür ist Webinaris der perfekte Anbieter.
Kleiner Literaturtipp am Rande: Rainer von Massenbach: *Verkaufsdigitalisierung. So multiplizierst Du Deine Verkaufs-*

kraft im digitalen Zeitalter und gewinnst automatisiert viele Neukunden.
Zwar suche ich nach den Leuten, doch ich möchte sie nicht anrufen und im ersten Schritt auch nicht angerufen werden. Die Vorqualifizierung ist nichts anderes als eine Bewerbung. Ich baue Hürden auf und erwarte, dass die Leute ein Formular ausfüllen, sich bei mir bewerben, um ein Gespräch mit mir führen zu dürfen.
Da ist er wieder, der Deselektionsprozess. Er erfordert Investment. Ich investiere durch die Bereitstellung von wertvollen Informationen, der Interessent investiert Zeit durch Eingabe seiner Kontaktdaten.

Stellt sich Einsteigern die Frage: Wer füllt denn so ein Formular aus?
Antwort: Wer nicht bereit ist, die dreißig Sekunden dafür aufzuwenden, um ein Formular auszufüllen, wird auch nicht bereit sein, den Aufwand zu betreiben, sich ins Network-Marketing-Thema einzuarbeiten, zu lernen und mit Dir gemeinsam den Weg zu gehen. Die Hürde ist dazu da, dass die unpassenden Köpfe an ihr scheitern.

Das Ganze wiederum versetzt Dich in eine komfortable Lage. Warst Du gestern noch der Bittsteller, agierst Du nun aus der Lage des Anbieters, der die Nachfrage bedient.

Wenn Leute sich bei Dir bewerben, bist Du in der stärkeren, in der dominanten Position.
Nach der Vorselektion und der Bewerbung kommt das erste Telefongespräch und dann das erste persönliche Gespräch. Letzteres ist meistens nur noch ein formaler Abschluss.

Die wesentlichen Steps zum Teamaufbau im Überblick

1. Zielgruppendefinition

Wer nicht in die Zielgruppe passt, passt nicht in die Orga.

2. Nutzenkommunikation

Wer den Nutzen nicht erkennt und kein Interesse hat, deselektiert sich automatisch.

3. Ansprache

Ich sende ein Signal und sage z. B.: »Ich biete Ernährungsberatern und Personal Trainern die Chance auf XYZ.« Wer darauf reagiert, ist grundsätzlich offen.
Ganz viele werden nicht offen sein – gar keine Frage –, aber diejenigen, die offen sind, die auf meine Ansprache reagieren, kommen zu mir.

4. Verarbeitung

Die Leute kommen in den Prozess, tragen sich ein, melden sich an, geben mir ihre E-Mail-Adresse, oder Ähnliches. Wenn meine Rückmeldung sie erreicht, gibt es zwei Möglichkeiten: Die einen öffnen keine E-Mails. Sie sind raus. Die anderen öffnen alle E-Mails. Wer klickt und sich das Video anschaut, nimmt am Webinar teil. Die anderen nicht.

5. Vorqualifizierung

Das Webinar ist gelaufen. Wer ist bereit weiterzumachen, wer ist motiviert, in meinem Team einzusteigen? Wer bewirbt sich nach diesem Prozess nun für eine Zusammenarbeit? Wer entschließt sich, den nächsten Schritt zu gehen? Die Interessenten haben nun schon viele Hürden genommen, ohne dass ich dafür eine Minute Zeit aufwenden musste.

6. Telefongespräch

Wenn es in den Call geht, wird meine wertvollste Ressource auf dieser Erde beansprucht. Denn ich habe nur begrenzt Zeit. Dennoch lohnt es sich. Im Telefonat spreche ich nur noch mit Leuten, die wirklich offen sind, die bereit sind zu lernen, sonst würden wir nicht telefonieren.

Wenn Du Deine Crew auf diese Weise zusammenstellst, dann kannst Du alles in höherer Menge vermarkten, als wenn Du den alten analogen Pfad nicht verlässt. Dieser Weg macht unglaublich viel Spaß, führt Dich zum Erfolg und ist lebensverändernd. Es ist der 80/20-Weg, der ausgiebig getestet wurde und der Kollegen bereits extrem erfolgreich gemacht hat. Auf diesem Weg sind außergewöhnliche Ergebnisse in unterschiedlichsten Bereichen möglich.

Kapitelfazit

So denkst Du als 80/20-Networker:
Wahrscheinlich hast Du Dich auf den vorhergehenden Seiten gewundert, dass nicht ein einziges Mal von Verkäufen die Rede war.
Du wirst nur erfolgreich, wenn Du Deine Zeit nicht ausschließlich in die Produktverkäufe investierst, so wie es viele klassische Networker tun. Stattdessen steht der Aufbau Deines Teams, Deiner Mannschaft im Vordergrund.

So handelst Du als 80/20-Networker:
Nutz den 80/20-Hebel und bau ein performantes Team auf, um von den Verkäufen in der Tiefe zu profitieren.

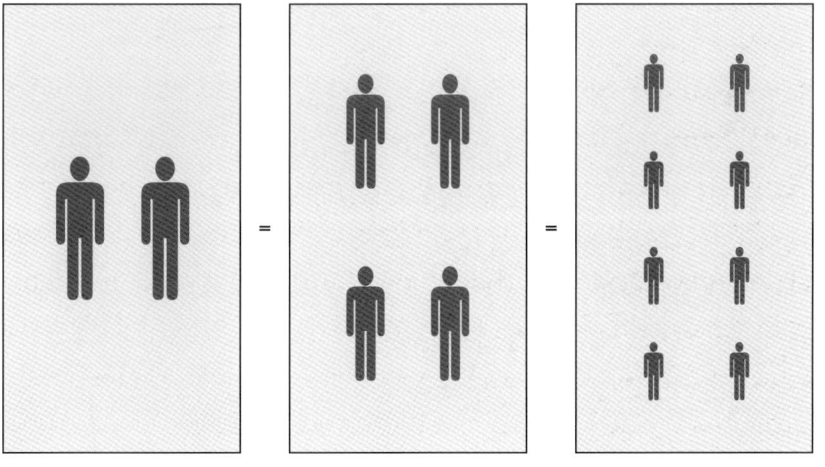

Nicht alle Partner sind gleich. Einige wenige sind für Dein Fortkommen und Deinen Umsatz viel wichtiger als alle anderen.

Teil 4
DANKE

Mein Fazit ist

Dein Startschuss in ein neues Leben

Heute nachdenken, um morgen den Kurs von gestern zu korrigieren

Viele Jahre sind vergangen, seit ich meine Antriebslosigkeit überwunden habe. Es gab kein eindeutiges Aha-Erlebnis, nicht den markanten Vorfall, durch den ich mein Leben verändert habe.
Es war ein schleichender Prozess, der mir die Augen öffnete. Ich saß einer falschen Annahme auf, und zwar der, dass Erfolg ohne großen Aufwand möglich wäre, ohne Anstrengung und ohne Opfer zu bringen. Diese Annahme ist im Network-Marketing weit verbreitet. Und sie ist falsch.

Vielleicht klingt es stumpf, aber: Setz Dir ein Ziel, prüf den Preis, den Du zahlen musst, um dieses Ziel zu erreichen, und dann bezahl diesen Preis. Nur so kommst Du voran. Erfolg stellt sich nie ein ohne ein Ziel und ohne etwas für dieses Ziel zu tun.
Ich selbst habe mich lange von dieser falschen Vorstellung täuschen lassen, ich war »motiviert« und habe trotz alledem die praktische Umsetzung außen vor gelassen, weil ich auf Energiesparmodus programmiert war.
Erfolg zu haben bedeutet einfach, sich Ziele zu setzen, die wahre Herzensangelegenheiten sind, sich auf den Weg zu machen und sich zu schwören, dass man niemals aufgibt, egal

wie lange es dauert. Dass man immer dranbleibt und immer neue Ansätze sucht und findet, bis das Ziel erreicht ist.
Mein persönliches Ziel ist es, in fünf Jahren nicht mehr operativ tätig zu sein, stattdessen ins Beteiligungsgeschäft zu investieren – Geld und Wissen weiterzugeben. Den Leuten Inspiration zu liefern und Informationen, die ihnen helfen, das richtige Marketing anzuwenden.
In zehn Jahren werde ich damit extrem fortgeschritten sein. In diesem Stadium ändert sich nicht mehr viel. In fünf Jahren arbeite ich wahrscheinlich noch drei bis vier Stunden am Tag und in zehn Jahren nur eine oder zwei Stunden. Und die restliche Zeit verbringe ich mit dem, was mir extrem wichtig ist, was mir Spaß macht und anderen hilft.

Und wie bekommst Du im Network-Marketing den Switch Deines Mindsets hin?
Indem Du vergleichst, was Du heute tust und was Du tun oder besser lassen solltest. Dazu eine Aufstellung, die exemplarisch den Unterschied zwischen einem »normalen« und einem 80/20-Networker zeigt:

Normaler Networker:
Steht um acht Uhr auf. Räumt seine Bude auf. Geht mit einem neuen Partner Kaffee trinken. Schlendert auf dem Rückweg durch die Einkaufspassage und kommt zurück ins

Homeoffice. Ein bisschen Facebook gucken. Einen inaktiven Partner anrufen, von dem er schon lange nichts mehr gehört hat. Ein Verkaufsgespräch vorbereiten. Abends zum Verkaufsgespräch fahren. Rückkehr um 22 Uhr.

80/20-Networker:
Steht um acht Uhr auf. Plant seine 80/20-Ergebnisse für den Tag. Eine Motivationsnachricht an die WhatsApp-Gruppe senden. Ein Telefonat mit dem besten Partner. Zwanzig neue XING-Kontakte machen. Und auf Facebook zehn Leute zu einer Online-Präsentation einladen. Vier Telefonate mit Interessenten vom Vortag. Selektion: Zwei sind weiter für den nächsten Termin morgen. Um 14 Uhr: Feierabend. Spazieren gehen, Buch lesen, Gedanken aufschreiben, Pläne schmieden, Freunde treffen.

Ein Verhältnis von 50/50 zwischen Aufwand und Ertrag ist die Ausnahme, während 80/20 die Regel ist

Mit ganz wenigen Dingen können wir wirklich einen großen Unterschied bewirken. Nur wenn wir unser Verhalten auf den Prüfstand stellen und uns entsprechend anpassen, können wir 80/20-Networker sein. Wir müssen anders, intensiver denken als vorher, und vor allem müssen wir entsprechend handeln.

Bevor ich mich persönlich aus dem operativen Geschäft zurückziehe, möchte ich eine komplette 80/20-Welt für unsere Firma geschaffen haben. Ich möchte dazu beitragen, dass die Leute verstehen, worum es wirklich geht. Ich möchte Hilfestellung dabei leisten, die Ungleichverteilung zu verstehen und die Folgerungen daraus in alle relevanten Lebensbereiche eines Networkers zu übertragen.
Ich möchte dazu beitragen, das Network-Marketing-Business im Gesamten auf die nächste Ebene zu heben und die Branche weiter zu professionalisieren.

Es sind elementare Veränderungsprozesse nötig, damit auch die Masse der Networker, die sich noch »am Ende der Nahrungskette« befinden, die Chance hat, zügig aufzusteigen und nachhaltig erfolgreich zu werden.
Dieses Buch soll den Startschuss geben, auf allen Ebenen Veränderungen zu bewirken. Persönlich, geschäftlich, finanziell, spirituell und mental.

Der Zeitpunkt ist günstig, die vielen Erkenntnisse in dieses neue Werk einfließen zu lassen.
All denen, die mit der Lektüre 80/20 einen Platz in ihrem Leben einräumen, möchte ich aber auch mit auf den Weg geben, dass die Umsetzung nicht immer leichtfällt. Es ist, gerade weil dieses Prinzip so kontraintuitiv ist, eine große

Herausforderung. Einige Jahre können vergehen, bis man die richtige Denkweise komplett inhaliert und ins Leben implementiert hat.
Das geht auch mir im Alltag so. Immer noch. Wenn ich stark eingebunden bin, dann schaltet sich das klassische Muster wieder ein. Dann heißt es sich in Geduld üben, diszipliniert bleiben und weiter trainieren. Übung macht den Meister.

Nur so entwickelst auch Du Dich zu einer souveränen Führungskraft im Network-Marketing. Und nur so wirst Du Deine Leute befähigen, ebenfalls zu starken Führungspersönlichkeiten aufzusteigen.
Du lässt ihnen den entscheidenden Freiraum, weil Du nach dem aufwendigen »Einstellungsprozess« weißt, dass Du Dich auf sie verlassen kannst. Auch sie werden testen und ihre Dinge ausprobieren.
Eine Beziehung funktioniert immer nur dann, wenn alle beteiligten Parteien zu gleichen Anteilen investieren. Loyalität bedeutet auch, den Leuten die Wahrheit zu sagen, geradlinig zu bleiben und bereit zu sein, das Beste für seine Partner zu geben. Dabei sollte aber das Konto des Investments immer ausgeglichen sein. Einseitige Investitionen sind zum Scheitern verurteilt.
Wenn es nach mir ginge, würde ich den Leuten hohe Rechnungen schreiben, bevor sie bei mir ins Team einsteigen

dürfen. Denn wenn's was kostet, ist's was wert. Sie könnten sich auf ein funktionierendes System verlassen, und somit würden nur die richtigen Leute bleiben.
Das ist eins zu eins so für Dich nicht umsetzbar. Aber über die Idee kannst Du dennoch nachdenken: Du supportest nur noch die Leute, die Deine Unterstützung verdienen, nicht die, die sie brauchen.

Kapitelfazit

So denkst Du als 80/20-Networker:
Alles dreht sich um das Thema Investitionen. Es ist ein Naturgesetz, dass Energie nie vergeht. Was umgekehrt auch bedeutet, dass Du nie mehr herausbekommst als das, was Du investierst. Nicht wenn Du nichts machst, wirst Du erfolgreich. Sondern wenn Du es verstehst, den größtmöglichen Hebel zu bewegen. Wenn Du einen Flaschenzug nutzt, kannst Du Kräfte verteilen und als Einzelner Massen bewegen, wie es Dir mit Deiner physischen Ausprägung allein nicht gelingen würde. Das ist ein physikalischer Hebel. Im Network-Marketing heißt dieser Hebel Teamaufbau nach dem 80/20-Prinzip.

So handelst Du als 80/20-Networker:
Denk sehr genau über das Thema Investitionen nach. Im Sponsorgespräch macht die Upline häufig den Fehler, die Interessenten mit falschen Versprechungen ins System zu holen und in Aussicht zu stellen, dass man wenig machen muss und damit erfolgreich werden kann. Falsch.
Solange Du nicht das Wissen erwirbst, wie es funktioniert – und dieses Wissen nicht anwendest, sodass es funktionieren kann –, wird überhaupt nichts passieren. Die Investition, die Du einbringst, also Deine Zeit, Deine Skills und Dein 80/20-Wissen, führt zu Fokussierung und Konzentration der Erfolgsfaktoren auf einen Punkt. Wenn alles perfekt aufeinander abgestimmt ist, gehst Du durch die Decke, wie eine Rakete.

Frauen oder Männer – wer sind die besseren 80/20-Umsetzer?

Ich glaube, dass das Geschlecht keinen Unterschied bei der Anwendung von 80/20 macht. Die Motivation funktioniert bei Frauen und Männern wohl ähnlich – wenn wir von extrinsischer Motivation sprechen. Ganz pauschal lassen sich Männer eher mit Elektronik und Autos motivieren, Frauen mit Kleidung und Handtaschen.

Ich glaube, dass man die Grundmotivation von jedem, der ins Network einsteigt, mit einem einzigen Wort wiedergeben kann – egal wie die Person es selbst für sich definiert. Das Wort heißt Freiheit.
Freiheit – egal wie sie gestaltet ist. Freiheit, seinen Job verlassen zu können. Freiheit, zu tun und zu lassen, was man möchte. Die Freiheit, sich zu kaufen, was man möchte. Die Freiheit, Zeit mit seiner Familie zu verbringen. Die Freiheit, in den Urlaub zu fahren. Die Freiheit, sein Leben selbst zu gestalten.

Die Motivation, die die Leute anzieht, ist meiner Ansicht nach somit bei allen gleich. Wirklich interessant wird es erst, wenn man sich fragt: Was hält Frauen und Männer davon ab, motiviert zu sein bzw. zu bleiben?

Hier gibt es klare Unterschiede. Frauen haben als größten Verhinderer von Motivation den Selbstzweifel: Sie sind sich nicht gut genug, nicht hübsch genug oder was auch immer – um aus dieser Rolle auszubrechen.

Bei Männern ist das anders. Doch auch sie haben ihr Paket zu tragen. Ich glaube, es tut ihnen nicht besonders gut, dass die Männerrolle insbesondere in den letzten beiden Jahrzehnten neu definiert wurde. Irgendwie werden Männer dadurch zu Frauen gemacht – auch über die Emanzipation. Männer kennen ihre Rolle nicht mehr richtig und können sie entsprechend auch nicht mehr richtig wahr- und einnehmen.

Und während die Männer zu Frauen gemacht werden, werden die Frauen zu Männern gemacht. Sie müssen alles können: Sie müssen top aussehen, sich um den Haushalt kümmern, erfolgreich sein, Karriere machen, sie müssen alles in sich vereinen.

Unsicherheit über die eigene Rolle führt letztlich zu Missverständnissen und wirkt sich als Motivationshemmnis aus. Deswegen geht es für viele nicht richtig nach vorn, aber auch nicht zurück. Und das, obwohl genügend Chancen vorhanden sind. Die Männer haben heute mehr Angst als früher. Sie scheuen sich davor, vermeintlich sichere Positionen in Unternehmen aufzugeben, und wollen Risiko eher vermeiden. Ich glaube, Frauen sind diejenigen, die schneller wechseln würden, da sie Druck gewohnt sind.

Dabei ist 80/20 zu leben und zu arbeiten das Beste, was man machen kann. Mir nimmt 80/20 geschäftlich in erster Linie den Druck, sieben Tage die Woche komplett aktiv und ständig unterwegs sein zu müssen.
Wer diese Erkenntnis auf sich selbst überträgt, wer ehrlich in sich hineinhört, wird wissen, welche Aktivitäten gestrichen werden können, um in den Schongang zu schalten.
Wer sich Zeit nimmt, um über die wirklich wichtigen Fragen nachzudenken, wird vorwärtskommen und kann damit außergewöhnlich erfolgreich werden, mit relativ wenig Aufwand.

Und auch privat habe ich erkannt, dass ein Großteil der Menschen – auch in meinem näheren Umfeld – viel zu vielen Dingen gleichzeitig hinterherrennt, die oft gar nicht relevant sind, keinerlei Bedeutung haben. Diese Leute haben sich einfach noch keine Gedanken darüber gemacht, dass sie viel zu viel konsumieren und kaufen.
Tobi bringt es mit folgender Erkenntnis auf den Punkt: »Wir kaufen uns Dinge, die wir nicht brauchen, mit Geld, das wir nicht haben, um Menschen zu beeindrucken, die wir nicht mögen.«
Und auch Richard Koch hat da ein sehr cooles Beispiel. Er spricht von *happiness islands* und *achievement islands*. Er stellt fest, dass 80 Prozent unseres Glücks aus 20 Prozent dessen

resultieren, was wir tun. Sich einmal aufzuschreiben, was einen am glücklichsten macht, und alles wegzulassen, was nicht aktiv dazu beiträgt, ist doch nur die logische Konsequenz, oder?

Aber dann kommt das Gegenstück, die *achievement islands:* »Was sind die wenigen Dinge, mit denen Du am meisten erreichst oder wo Du am meisten Erfolg hast und was Dir am besten liegt?« Aufschreiben.

Und schließlich geht es darum, die ersten Schritte zu definieren, was man tun kann, um mehr von beiden Inseln zu profitieren. Immer wieder kehrt die Erkenntnis zurück, dass weniger mehr ist.

Vielen Dank

Ein paar wichtige Dinge sind wichtiger als viele unwichtige. Das 80/20-Prinzip für Networker bedeutet vor allem, dass Du künftig sowohl das Radar als auch den Autopiloten aktiviert haben solltest. Das Radar gibt Dir die Möglichkeit, zu erkennen, Dinge zu entdecken, Chancen und Potenziale zu sehen, die wichtig sind. Und der Autopilot ist das Steuerelement, auf das Du Dich verlassen kannst, mit dem 80/20 möglich wird.

Du brauchst nicht länger ein Durchschnitts-Networker zu bleiben, wenn Du das nicht möchtest. Schließlich verdient ein durchschnittlicher Networker wenig bis nichts. Für Dich: inakzeptabel, schließlich ist Network-Marketing eine grandiose Chance, wenn man sie ergreift.
Spar Deine Energie, Deine Emotionen, spar Kraft und Anstrengung. Denn Du verdienst nicht mehr, weil Du mehr strampelst, sondern weil Du die richtigen Hebel bedienst.
Machst Du Deine MLM-Firma reich? Oder macht Deine Firma Dich reich? Die meisten Menschen gehören zu den 80 Prozent, die ihre Network-Marketing-Firma reich machen. Sie opfern ihre wertvolle Freizeit, Nerven, Kraft und Energie, ihr Geld und all das, was sich opfern lässt. Sie geben alles her, um Einnahmen für ihre Firma zu generieren.

Doch zu den schlauen 20 Prozent gehörst nun auch Du. Tu das Richtige. Denn damit bekommst Du Summen ausgezahlt, von denen andere nur träumen.
Du wirst Dich in eine attraktive Position bringen, indem Du in Deinem Team die Kernleute hältst, die für die höchsten Umsätze sorgen.
Aktionismus in jeglicher Ausprägung wird gestrichen. Er ist der Erfolgskiller Nummer eins. Es geht entgegen der Erwartung eben nicht darum, die ganze Zeit in Bewegung zu sein und zu bleiben, sondern darum, vorher nachzudenken, präzise zu analysieren, was wirklich wichtig ist. Das ist notwendig, um im ganzen Rauschen, in diesem ganzen »Das tut man so« herauszufinden, was die relevanten Dinge sind.
Was hat wirklich Einfluss auf Dein Business? Was hat keinen Einfluss auf Deine Ergebnisse?
Welche Tools nutzt Du heute? Und welche morgen? Wofür verwendest Du die Stunden Deines Tages? Mit welchen Tätigkeiten verbringst Du Deine Zeit? Was bringt viel und was wenig?

Wenn Du alles umgesetzt hast und die Ergebnisse noch nicht zufriedenstellen, denk neu nach. Alles andere wäre eine gefährliche Entwicklung – für Motivation, Gesundheit und natürlich auch für die eigene Familie. Stell Dein gesamtes System zahlenbasiert infrage. Bau Statistiken und

orientier Dich an ihnen. Behalt die Erfahrungswerte aus der Vergangenheit im Blick.
Natürlich bist Du Network-Marketer und kein Börsenanalyst. Arbeite mit Deinem Menschenverstand und mit den Grundideen.
Wenn Du viel weniger Partner gewinnst, gewinnst Du dann die richtigen? Welche Attribute haben die neuen Partner mit den größten Erfolgen? Lässt sich diese Erkenntnis in den Sponsorprozess einbeziehen?
Du suchst nicht den Weg, sondern die Abkürzungen.

Geh Allianzen ein, wende Dich an die ganz großen Leute in Deiner Company, an die Erfolgreichen, an die, die schon dort sind, wo Du noch hinmöchtest. Orientier Dich an denen, die die großen Teams aufgebaut haben und noch immer aufbauen. Schau Dir an, was deren 20 Prozent sind und was deren 80 Prozent.

Es kommt nicht selten vor, dass die wirklich Erfolgreichen nicht einmal 80/20 gelernt haben – aber dieses Prinzip denken und leben. Einige von ihnen arbeiten und machen noch immer viel zu viel. Die Kunst ist, herauszufinden, was ihre erfolgreichen 20 Prozent sind, um diese Aktivitäten zu übernehmen und außergewöhnlich gut umzusetzen. Und die restlichen 80 Prozent auszublenden bzw. wegzulassen.

Damit kannst Du noch erfolgreicher werden als Deine Vorbilder. Setz mit viel weniger Aufwand um, was sich bereits als erfolgreich etabliert hat.

Erwarte das Unerwartete. Erwarte, dass 20 Prozent des Aufwands 80 Prozent der Ergebnisse bringen. Erwarte aber auch, dass Du das Ganze optimieren kannst – alle Bereiche, egal ob es die Zeit ist, die Partner, Deine Firma, ob es das Wachstum betrifft oder die Multiplikation. Erwarte immer mehr Ergebnisse mit immer weniger Aufwand und schau jede Woche, jeden Tag, wie Du den Aufwand minimieren und die Ergebnisse maximieren kannst.

80/20-Denken ist langsam, entspannt, informiert und optimistisch.

Das 80/20-Prinzip lässt darauf schließen, dass alle außergewöhnlich erfolgreichen Prozesse sehr, sehr einfach sind. Wir können uns auf die wirklich wichtigen Aufgaben konzentrieren und bekommen schnell zu sehen, ob die Ergebnisse gut sind. Einfachheit bringt hohe Profitabilität mit sich, was wiederum mehr Ertrag bedeutet – und das ist letztendlich das Ziel.
80/20 hat mein Leben komplett verändert. Weniger zu tun, macht einen riesigen Unterschied aus. Meine Lebensqualität

hat sich verbessert, und ich betrachte die Welt aus einer vollkommen neuen Perspektive.
Viele Menschen daran teilhaben zu lassen, ist der Antrieb, aus dem dieses Buch entstanden ist. Ich hoffe, es hat Dir gefallen, und wünsche Dir allzeit gute Geschäfte bei minimalem Aufwand.

Dein Alexander Riedl